Le Processus de Totem Personnel

Imagerie animale, Chakras et Psychothérapie

Troisième édition

Eligio Stephen Gallegos, Ph. D.

Moon Bear Press

Traduit en français par Dr Florence Curtet

Le Processus de Totem Personnel

Imagerie Animale, Chakras et Psychothérapie

Troisième édition
Traduit en français par Dr Florence Curtet

Première édition (Anglais)

Première impression: juillet 1987
Seconde impression : juin 1988

Seconde édition (Anglais)

Première impression : mars 1990
Seconde impression : avril 1993
Troisième impression : juillet 1996
Quatrième impression : décembre 1997
Cinquième impression : mars 2001

Troisième édition (Anglais)

Première impression : janvier 2012

Édition Française

Première impression : décembre 2013

ISBN 0-944164-42-0 (Impression)
ISBN 0-944164-43-9 (Kindle)

Moon Bear Press,
PO Box 468,
Velarde NM 87582 USA.

www.moonbearpress.com

Pour information, contacter

Moon Bear Press
PO Box 468
Velarde, NM 87582
USA

Ou e-mail

orders@moonbearpress.com

Table des matières

REMERCIEMENTS

La préparation de la troisième édition a été suggérée et rendue possible par mon épouse et compagne Mary Diggin. Son engagement permanent et son dévouement au travail de Processus de Totem Personnel a été infatigable et magnifique, j'en suis témoin.

Un grand merci au Dr Florence Curtet pour son enthousiasme à la traduction de ce travail en français.

AVANT PROPOS

C'est pour moi un grand honneur d'écrire cet avant propos pour la traduction française du livre de ES Gallegos «Le Processus de Totem Personnel ». Après une activité de médecin généraliste pendant plus de 20 ans, je suis devenue psychothérapeute. Je consacre une grande partie de mon activité à la recherche et à l'exploration de techniques et de méthodes, destinées à accompagner les personnes dans leur évolution et leurs difficultés. Dans leur envie de mieux communiquer (avec elles mêmes et avec les autres), de résoudre leurs problèmes, d'agir avec discernement et justesse, en devenant conscientes de leur responsabilité et de leur excellence.

Cette recherche m'a conduite à expérimenter le travail de ES Gallegos et à m'y former(cette formation a été incluse dans ma présentation à «l'autorité de santé pour la validation de la pratique» en psychothérapie).

Ce processus me parait profondément transformateur et très respectueux du patient de son rythme et de ses valeurs.

Grace aux images et aux sensations qui apparaissent pendant les «voyages», la créativité et les ressources du patient émergent de façon spontanée, autant que les blessures qui demandent de l'attention; tout cela avec une cohérence troublante qui se révèle au cours de l'expérience.

Les « animaux» sont souvent surprenants et parfois farceurs! Le dialogue avec les «animaux» éclaire les zones d'ombres et facilite le changement et la transformation de la personne, tout en respectant l'unicité et la spécificité de son trajet.

ES Gallegos est un enseignant extraordinaire, dont la simplicité et l'intelligence égalent l'infinie bienveillance. Je le remercie sincèrement de tout ce qu'il m'a transmis.

Dr. Chantal Roby Leprince

Médecin Généraliste et Psychothérapeute

PREFACE A LA TROISIEME EDITION

Vingt-deux ans ont maintenant passé depuis la seconde édition de ce livre, et vingt-cinq depuis la première édition. Les ventes ont continué avec une surprenante régularité. Bien sûr je suis plus âgé maintenant, beaucoup plus mince mais juste un peu chauve, et je n'ai plus l'endurance que j'avais en tant que jeune de cinquante-cinq ans.

La popularité du Processus de Totem Personnel continue à grandir. Aux Etats-Unis Debra Vickroy a exercé sans compter pendant de nombreuses années la charge de Présidente de l'International Institute for Visualization Research (IIVR), l'organisation à but non-lucratif qui a succédé à IVR. Elle et Dianne Timberlake organisent aussi des regroupements réguliers de praticiens, des formations aux Etats-Unis, et ont récemment commencé à proposer des ateliers en Californie.

L'évolution principale du PTPP s'est pourtant déplacée, vers une grande extension en Europe et dans le reste du monde. Formations et ateliers ont été conduits en Australie, Autriche, Canada, Danemark, France, Allemagne, Grande-Bretagne, Guatemala, Irlande, Italie, Macédoine, Pologne, Portugal, Suède et Suisse.

Un Festival annuel des Animaux a débuté en 1990 sur suggestion d'Andrea Campbell et s'est tenu en de plusieurs lieux des Etats-Unis, en Europe et en Australie. L'énergie lors de ce festival est vraiment remarquable, les gens se comportent comme de vieux amis même s'ils s'y rencontrent pour la première fois. Il n'y a pas de barrière de langue ni de culture. La rencontre se fait à un niveau plus profond que celui du langage et de la culture, où nous découvrons notre communauté humaine naturelle, avant que d'être tout à fait identifiés par nos propres inventions.

J'ai continué à écrire et à publier. Mon travail comprend *Animals of the Four Windows: Integrating the Four Modes of Knowing : Thinking, Sensing, Feeling, and Imagery* , publié en 1992, une nouvelle, *Little Ed and Golden Bear*, publiée en 1993, et *Into Wholeness : The Path of Deep Imagery,* publié en 2001. Certains de ces livres ont aussi été traduits en allemand, italien, et français.

D'autres auteurs ont aussi écrits des livres inspirés par le Processus de Totem Personnel ou le mentionnent.

Rosalie Gallegos Chavez Douglas, ma sœur, une art-thérapeute compétente, a été une des premières personnes à pratiquer le Processus de Totem Personnel peu après sa découverte. Elle a écrit un livre charmant sur ses propres voyages avec les animaux de pouvoir, *The Circus Cage : A Journey of Transformation*. Il a été publié en 1992 par Moon Bear Press.

Le livre unique de Rene Pelleya-Khouri, *Seeds of Enlightment : Death, Rebirth, and Transformation through Imagery*, a été publié en 2004 par Moon Bear Press.

Trebbe Johnson a écrit *The World is a Waiting Lover: Desire and the Quest for the Beloved*, New World Library, 2005.

Jenny Garrison a écrit *Imagery in You: Mining for Treasures in Your inner World*, Outskirts Press, 2006.

Patricia Rüesch a publié *Frage dein Krafttier : Heilende Botschaften für alle Lebenslagen*, Kosel-Verlag, 2006.

Christian Lerch a publié un livre sur son excellent travail avec les enfants en Suisse, intitulé *Kinder entdecken ihre innere Kraft : Integrative Imaginationsarbeit*, Arbor-Verlag, 2007.

Le livre de Phee Brooks Licis, *Dancing in my Grandfather's Garden: Unearthing the Soul of the Feminine and the Gift of the Deep Imagery*, a été publié par Moon Bear Press début 2012.

Le livre de Mary R. Morgan, *Beginning with the End: A Memoir of Twin Loss and Healing*, Vantage Point Books, sortira courant 2012. C'est un livre qui explore d'autres expériences, le pouvoir de guérison du Processus de Totem Personnel lors d'un deuil personnel.

En plus de la révision actuelle de *The Personal Totem Pole*, 2012 verra aussi ma publication de *Living Chakras : Gathering Wholeness*. J'ai aussi un autre livre, *Control and Obedience : the Human Illness*, en cours de parution, ainsi qu'une nouvelle que je n'ai pas encore nommée.

Mon épouse, Mary Diggin, est devenue l'éditrice compétente de Moon Bear Press tout en poursuivant ses nombreuses autres activités: potier sur argile micacé de la tradition Apache, guérisseur spirituel Apache et guide Sweat Lodge (hutte de sudation), créateur de sites web, elle poursuit un doctorat en Etudes Mythologiques à Pacifica Graduate Institute, à Carpinteria, Californie.

Bien sûr, dans cette courte période de temps Internet s'est répandu et procure une information instantanée et une connexion avec le peuple du monde entier. Nous sommes accessibles sur www. deepimagery.org.

Je suis profondément reconnaissant à tous mes compagnons de route sur mon chemin, ceux que j'ai nommés et ceux que je n'ai pas nommés. Je respecte les étapes choisies le long de ce chemin, et celles que je n'ai pas choisies. J'en suis venu à concevoir que c'est le fait d'être vivant qui nous porte, et auquel nous devons remettre notre être. Nous sommes une si curieuse conjonction de vivant : portant en nous plus de bactéries que nous avons de cellules dans notre corps, bactéries qui sont une part essentielle de notre vie et sans lesquelles nous serions rapidement morts. De façon similaire nous avons développé en nous un nombre de voies distinctes du vivant, et notre travail, si nous pouvons parler de travail, est d'aider à rassembler tous ces côtés vivants en un être singulier. La terre elle-même est si imprégnée du vivant que nous sommes là en bonne compagnie. Et comment pourrions-nous douter que l'univers lui-même soit un être vivant, un génial être vivant, en état constant d'épanouissement ; qui nous abrite ainsi que les microbes, se peuplant lui-même pour le fonctionnement total de son évolution merveilleuse.

Et ce bout de terre aimé, situé le long du Rio Grande dans les montagnes du nord du Nouveau Mexique, est devenu un havre créatif où je peux vieillir et continuer à toucher ce monde merveilleux et incompris, fait d'amour et de soin. Cette terre qui porte une histoire et des traditions beaucoup plus anciennes que les Etats-Unis, cette terre peuplée de castors, de raton laveurs, de loutres, d'oies du Canada, de canards des forêts, d'aigles impériaux, d'aigles dorés, et de faucons à queue rouge, ainsi que de nos tres chats, Scamp, Hamlet et Bob Bob Bob. Sans oublier les coyotes qui nous chantent parfois la sérénade la nuit.

Pour finir, laissez-moi dire qu'en relisant ce manuscrit après vingt-deux ans, j'ai été horrifié par mon usage du terme « Indien » pour décrire les peuples originels de la Côte Ouest. Je suis conscient que c'était commencer avec une dénomination inappropriée et grossière; et que cela montre que nous, peuple à généalogie européenne, ne savions pas alors où nous nous trouvions. Je ne voulais certainement pas insulter quiconque avec ce terme. J'ai une haute opinion de la culture et la communauté des Peuples de la Côte Nord-Ouest, j'ai voyagé dans cette région à de nombreuses reprises, pour admirer et être profondément ému par leurs grandes créations ; d'après moi elles montrent non seulement une profonde compréhension de la nécessaire inclusion de tous nos côtés vivants et conscients pour être pleinement humain, mais aussi, grâce à l'art, la quintessence de la façon dont un Être Humain doit comprendre la totalité de ce qu'il est, en équilibre et en harmonie, pour s'épanouir pleinement.

Respectueusement,

Eligio Stephen Gallegos

River Spirit, New Mexico

2012

T-SHIRTS ET TOTEM

En 1979, j'obtins l'autorisation de quitter le poste que j'occupais depuis une douzaine d'années en tant que Professeur de Psychologie dans une petite université, et déménageai sur la Côte Ouest pour occuper un résidanat postdoctoral[1] en psychothérapie.

Un de mes intérêts grandissant en tant qu'enseignant était la fonction de l'imagerie dans la croissance et le développement humain, ainsi que l'utilisation en thérapie d'imagerie guidée ou de visualisation. A l'origine cet intérêt était né des rêves intenses que je faisais depuis mon enfance, dont je n'arrivais vraiment pas à comprendre la place dans ma vie. Ceci me conduisit donc à une étude des rêves, bien que peu de gens aient réellement étudié les rêves, et à donner des cours de psychologie du rêve.

---

[1]   Fonction assurée par des étudiants, (en médecine généralement), pour leur formation. (Toutes les notes sont du traducteur)

1

Ceci m'introduisit ensuite aux brillants écrits de C.G. Jung et me conduisit aussi à lire deux livres, qui m'intéressèrent à l'imagerie.

L'un était le remarquable livre de James Hillman[2] , *Re-Visioning Psychology*, la version publiée de ses Terry Lectures[3] à l'université de Yale en 1972. Brillamment écrite, sa thèse est que la fonction fondamentale de l'esprit est de vitaliser le monde : en donnant vie, voix et conscience à tout ce qui existe, afin que nous puissions écouter ce que le monde environnant a à nous dire, et expérimenter le monde depuis la perspective de chacun de ses éléments. Une telle orientation permet aux éléments les plus profonds de nous-mêmes de se manifester et de venir à notre conscience, d'articuler notre relation au monde autour de sa relation avec nous, et nous libère de penser que cette voix et cet éveil appartiennent à cette identité particulière que j'appelle Moi.

L'autre livre était le *Waking Dreams* de Mary Watkins. Ayant pour but originel une tentative pour comprendre sa propre imagerie, elle proposa cette étude à sa thèse de doctorat en médecine. Elle y retrace l'usage de l'imagerie à travers l'histoire. Ce livre m'a profondément marqué, et m'a aidé, non seulement à comprendre combien nous connaissons peu de l'imagerie, mais aussi comment notre culture la réprime délibérément : en la minimisant, en la déniant, en enseignant qu'elle a peu de rapport avec « le monde réel ».

Aussi, lorsque j'ai découvert cette annonce dans l' APA Monitor, qui décrivait un résidanat postdoctoral en Psychothérapie Humaniste et Holistique dans l'Oregon, j'ai immédiatement envoyé une lettre signifiant mon intérêt. Je fus surpris, une semaine après seulement, de recevoir un appel où l'on m'offrait de prendre le poste, ce que j'acceptai sans hésitation.

Dès mon arrivée sur la Côte Ouest, je passai en revue les nombreux ateliers de développement personnel à disposition et me

---

2   Célèbre psychanalyste jungien

3   Lectures publiques

débrouillai pour passer une semaine au légendaire Esalen Institute, le centre de développement personnel fondé dans les années 60 par Michael Murphy, qui avait été un leader des mouvements de développement personnel de notre époque. Je choisis un atelier, Radix, un système qui avait pour but de conduire chacun à son unique racine (radix en latin) émotionnelle, spirituelle et corporelle. Je trouvai l'atelier instructif et aidant, même si l'imagerie introduite dans le processus était minimale.

L'atmosphère à Esalen était rafraîchissante. C'était un lieu où le développement, l'intégration et la plénitude étaient des intérêts de premier ordre. Où les gens s'autorisaient à être ouverts, vulnérables et réceptifs. Où le développement vers une totale humanité était considéré comme le voyage le plus important.

Alors que la semaine allait s'achever, je voulus acheter un T-shirt pour me souvenir de ce séjour à Esalen, qui m'avait suscité tant d'inspiration. Malheureusement, aucun de ceux vendus à la boutique d'Esalen n'était à ma taille, aussi je pensais m'arrêter à San Francisco pour en acheter un. A San Francisco, je ne pus trouver aucun T-shirt me rappelant l'esprit de l'événement, et en fait je n'en trouvai aucun qui me plût. Ils semblaient tous porter des images des plus inesthétiques, de groupes de rock ou d'équipes de football, ce qui était bien loin de l'esprit d'Esalen.

Je continuai mes recherches pour trouver un T-shirt et fus forcé de reconnaître que ce n'était pas un achat si simple. Au summum de la frustration, j'achetai finalement des T-shirts blancs et une boîte de peintures Artex, déterminé à recréer moi-même mon propre souvenir de mon séjour à Esalen.

Ma première tentative fut toute simple. J'utilisai le logo de Bolligen Press : quatre cercles semblant émaner d'un point unique au centre. Je le traçai en noir et cela me donna un aperçu de cette peinture et de ce matériel. Mon second dessin fut tiré d'une image d'un bouclier aborigène africain et j'utilisais le rouge et le bleu. A partir de là les dessins devinrent progressivement plus détaillés et complexes, et bientôt je fus attiré par des images issues de l'art des peuples autochtones de la Côte Ouest.

Ces peuples autochtones, les Nootka, Haida, Kwakiutl, Tsimshian et Coast Salish, sont certainement mieux connus en tant que sculpteurs de totems, et sont probablement les plus délicats sculpteurs sur bois de l'histoire de l'homme. Les dessins que j'utilisais pour mes T-shirts étaient tirés de ceux qu'ils avaient peints sur la façade de leurs grandes maisons de bois, ou gravés sur la poitrine, ou encore sur des assiettes d'argile.

J'avais longtemps été intrigué par ces dessins sans trop savoir pourquoi, et en travaillant sur eux je les compris mieux et les regardai plus profondément. Ces dessins sont remarquablement complexes, hautement stylisés, avec une certaine logique intéressante. Ils représentent typiquement des animaux et souvent contiennent un grand nombre d'éléments que certains artistes contemporains appellent « ovoïdes » (Stewart, 1979).

Ce sont des ovales, des ronds ou des quadrilatères à coins ronds, qui sont utilisés dans le dessin, sur la paume des mains ou la plante des pieds, dans les oreilles, sur les yeux, le ventre, les coudes et les genoux. Parfois ils ont l'air uniquement « d'emplir l'espace », comme si c'était leur fonction première.

Je travaillais toujours plus avec ces dessins, et soudain je me rendis compte que ces ovoïdes étaient des yeux, et que chaque animal représenté par ces artistes primitifs est rempli d'yeux ! Cet animal ainsi totalement conscient de son propre monde, ne voit pas avec ses yeux uniquement, mais aussi avec ses mains et ses pieds, ses oreilles, chacune de ses articulations, avec son cœur, son ventre et son museau ! Ces artistes dépeignent une conscience totale! Cette forme de conscience devant être découverte par chacun, pour voir le monde depuis la perspective de cet animal, s'imaginant soi-même en cet animal et prêtant attention à cette expérience.

Un autre élément m'intriguait dans ces dessins : en général chaque animal contenait d'autres animaux plus petits, comme à titre de composants. Comme je portais mes T-shirts pendant les mois chauds, ils furent connus de mes amis et collègues, et j'en donnai quelques-uns en cadeau à certaines personnes lors d'occasions particulières.

Un jour une patiente que je voyais depuis peu me dit, « j'ai un dessin qui pourrait vous intéresser pour un de vos T-shirts ». Je la remerciai de l'offre, ne sachant pas trop qu'en attendre, et oubliai rapidement. Lors de notre rencontre suivante, elle me tendit un sac en papier et je lui demandai ce que c'était : ça ressemblait au repas de quelqu'un. Elle me dit que c'était le dessin qui d'après elle pouvait m'intéresser pour un de mes T-shirts. Je jetai un coup d'œil dans le sac et vit un pendentif fait de perles orange vif et noires. Elle me dit que je pouvais le garder un moment, je la remerciai et posai le sac sur mon bureau.

Quand plus tard dans l'après-midi je me préparai à quitter le bureau je découvris à nouveau le sac papier et, étrangement, je pensai encore une fois que quelqu'un avait oublié son repas. Quand j'ouvris le sac je fus surpris d'y voir le pendentif. De retour à la maison, je l'examinai de plus près. C'était un long collier de perles, avec un pendentif de 7 centimètres de diamètre. Le dessin était étrange car il n'était pas symétrique et je ne me souvenais pas avoir déjà vu un pendentif indien qui ne soit pas symétrique. De plus, je ne comprenais pas ce que ce dessin représentait. Je le regardai d'encore plus près et le montrai à ma femme ; le dessin semblait représenter un objet bien défini, mais ni elle ni moi ne pouvions dire lequel. Je commençais à être intrigué par ce pendentif et le posai sur ma machine à écrire où je le regardais chaque jour. Je percevais comme une illusion d'optique qui ne prenait pas tournure, comme si je n'arrivais pas à le placer à la distance appropriée.

Et soudain je le vis ! Un aigle aux ailes déployées haut dans le ciel, jaillissant du soleil. C'était si évident que je n'en revenais pas de ne pas l'avoir vu plus tôt.

J'en fis un grand dessin et devint très curieux de son origine. Lors de notre entrevue suivante je rendis le pendentif à ma patiente et lui demandai quelques précisions. Elle avait vécu dans une réserve indienne, dit-elle, et quand elle avait décidé de partir, l'homme-médecine lui avait offert ce pendentif qu'il avait fait spécialement pour elle, et lui avait demandé de l'emporter avec elle. Elle l'avait depuis. Je lui demandai s'il avait une signification pour elle, et elle me dit que c'était l'un de ses biens les plus précieux. J'étais surpris car elle me l'avait porté d'une façon désinvolte, dans ce sac en papier, et m'avait permis de le garder. Elle ne put pas m'en dire plus à son propos.

Dans notre séance de thérapie du jour, je la guidais dans une visualisation fréquemment employée dans la Psychosynthèse[4]. La personne y est guidée pour trouver un passage qui mène à une grotte à flanc de montagne. On y trouve une salle illuminée où siège un vieux sage, avec lequel on peut communiquer de points importants de sa vie et de son développement. Ce sage représente le « Moi Supérieur » (Miller, 1978).

Ma patiente au départ marchait dans les bois. En cherchant elle trouva un passage pour sortir des bois en direction de la montagne. C'était un jour de grand beau temps et elle marchait sur le sentier. Puis elle me dit : « Juste devant moi le sentier tourne brutalement à droite, et je peux voir quelque chose dans le virage, mais je ne peux pas dire ce que c'est ».

Je lui demandai de continuer sur le sentier, suggérant qu'en s'approchant elle pourrait le reconnaitre. Et elle me dit : « Oh, c'est un mât totem avec des animaux sculptés. Je peux voir l'animal tout en haut, c'est un aigle, il y en a un dessous mais je ne peux pas dire ce que c'est ; dessous c'est un ours, et il y en a d'autres sous l'ours mais je ne les vois pas suffisamment pour les décrire. »

Elle suivit le sentier qui tournait jusqu'à atteindre la grotte dans la montagne, y entra et rencontra un vieux sage assis au centre

---

4   Pratique psychothérapique créée par le Dr Roberto ASSAGLIO : à des racines psychanalytiques, elle intègre un travail sur les dimensions du corps, des émotions, de l'intellect et de l'âme

d'une grande salle. Ils s'engagèrent dans une longue discussion, qui s'acheva en même temps que notre séance.

Elle partit, pris le pendentif, et bien que nous ayons planifié une séance la semaine suivante, je ne la revis jamais en thérapie.

Plusieurs années plus tard je la rencontrai sur la Côte Est. Curieusement, son souvenir était que j'étais parti, et dans le mien c'était elle qui était partie. Toutes ces circonstances sont donc restées mystérieuses.

LE CONSEIL

Plus tard ce jour-là, je joggais parmi les collines qui surplombent la ville, et toute cette situation me revenait en tête. Je pensais au mât totem et au brusque tournant du sentier quand tout à coup je compris que ce totem me représentait, comme un poteau indicateur à ce tournant sur le chemin de ma patiente. Je réalisai instantanément que l'ours était dans mon cœur et l'aigle dans ma tête, et je pus les sentir et les voir à ces endroits-là dans mon corps. Pendant que je continuais mon jogging, je compris que ces deux animaux, d'une certaine façon, représentaient aussi mon quatrième et mon sixième chakra. Immédiatement je pensais : « Je me demande quels animaux sont mes autres chakras ? »

Comme je me concentrais sur mon corps, je vis clairement l'animal dans ma gorge, un cheval ailé blanc, dans mon plexus solaire un cerf, dans mon ventre une baleine, et dans mon chakra de la base un lapin.

Je ne savais pas si ces animaux se connaissaient les uns les autres. Je savais qu'ils étaient tous nouveaux pour moi. Aussi je les invitais tous venir à nous rencontrer. Ils acquiescèrent avec empressement et se rassemblèrent tous sous un vieux chêne. J'étais surpris de voir que peu d'entre eux s'étaient déjà rencontrés, bien qu'ils aient vécu en moi, dans mon corps. Mais cela aurait pu ne pas être une surprise, après tout je ne savais rien de leur existence.

En se rassemblant ils formèrent un cercle. Le lapin regarda immédiatement tous les animaux du cercle et commença à leur dire combien il se sentait petit et faible en leur présence, combien il avait peur d'eux car ils étaient tous grands et puissants, et à quel point il sentait ne pas appartenir à ce groupe. « J'ai l'impression que je dois partir », dit-il, « je n'ai vraiment rien à faire ici ! »

Pendant le discours du lapin un souvenir me revint brutalement, quelque chose dont je ne m'étais pas rappelé pendant cinquante ans environ. C'était arrivé quand j'avais cinq ans. J'étais à l'école maternelle depuis quelques semaines. Ma mère, enseignante, m'avait bien préparé pour l'école et j'y étais à l'aise. La salle de classe était grande, avec de grandes fenêtres qui laissaient entrer la lumière du soleil. Il y avait seulement une douzaine d'enfants dans la classe, et j'étais ami avec tous. L'école me semblait être une expérience riche et bonne. Jusqu'à ce qu'un jour la maîtresse vienne vers moi et dise : « Tu es bien trop intelligent pour être à la maternelle. Tu devrais vraiment passer au cours préparatoire », et sur ce elle m'attrapa par le bras et me tira le long d'un vestibule jusqu'à la classe du cours préparatoire. La classe de maternelle comprenait douze enfants, le cours préparatoire en contenait trente. Et ils étaient tous plus grands et plus vieux que moi. Je me sentis écrasé, rapetissé, vraiment déplacé, et terriblement seul. Le sentiment de ne pas être à ma place me frappa avec violence. Je me rendis compte que ce sentiment avait été présent tout au long de ma vie. Et j'étais aussi surpris d'avoir oublié un événement aussi vital et décisif de ma vie.

Après que le lapin ait parlé, chaque animal s'adressa à lui. Ils lui dirent combien ils l'appréciaient et l'aimaient, et l'assurèrent qu'il était bien l'un des leurs et appartenait au groupe. Tous lui offrirent leur soutien et lui enjoignirent de grandir pour devenir leur égal. Alors que chacun parlait, le lapin commença à grandir ; après chaque discours il était plus grand, jusqu'à devenir un lapin géant de trois mètres de haut. Les autres animaux se reculèrent et le lapin devint calme et assuré, plus du tout apeuré, avec un grand sentiment d'appartenance.

J'étais stupéfait d'observer ça. Alors que le lapin grandissait, j'expérimentais personnellement que mon sentiment de ne pas être à ma place, d'être petit et faible, disparaissait. C'était une impression dont je réalisais qu'elle avait été présente chaque jour de ma vie depuis cette arrivée au cours préparatoire, et plus précisément à chaque fois que j'entrais dans une nouvelle classe. Elle avait été présente tout du long, à l'école primaire, au collège, au lycée, et même pendant mes années de doctorat. C'était un sentiment que j'avais tenu pour adapté à ces situations, plutôt que de le considérer comme un sentiment-mémoire qui m'accompagnait constamment. Suite à cette expérience avec les animaux je ressentis un sentiment nouveau d'aise et commençais à me sentir plus assuré dans ma vie et dans mes activités. Je ressentis aussi une grande reconnaissance pour le lapin et pour le soutien que les autres animaux lui avaient apporté.

Je compris aussi que ces animaux en savaient plus sur moi que moi-même. Ils savaient où étaient mes blessures et savaient comment me les présenter à nouveau sous un jour aisé. Et en plus de cela, ils avaient immédiatement entrepris la guérison dont j'avais besoin depuis cinquante ans. C'étaient les thérapeutes que j'avais cherché depuis longtemps. C'étaient les enseignants que j'avais attendu toute ma vie. Ils étaient les amis et compagnons dont j'avais toujours eu besoin. Et ils étaient tous en moi !

CHAKRAS ET ANIMAUX

J'étais si intrigué par cette expérience, et par l'évident à-propos des animaux en moi, que je commençais à explorer cette procédure avec mes patients dès le jour suivant.

L'unique raison pour laquelle je connaissais certaines choses concernant les chakras était ma participation à un certain nombre de séances de thérapie avec une thérapeute sensible et compétente appelée Ma Prem Mala. Elle était récemment revenue d'Inde où elle était partie étudier. C'était le premier thérapeute que je rencontrais qui amenait systématiquement ses patients à un sentiment de plénitude à chaque séance de travail avec elle. A l'entendre décrire son travail, elle descendait s'accorder à l'énergie là où elle était, et participait à ce qui avait besoin d'advenir pour que l'énergie arrive à un nouveau point de stabilisation. Mala m'apprit qu'il y avait des concentrations d'énergies en différents endroits du corps.

Il y a sept centres énergétiques situés le long de la médiane du corps et chaque centre est en rapport avec certaines fonctions émotionnelles ou psychologiques, ou certains processus d'action.

Mala était capable d'examiner chacun de ces centres énergétiques chez une personne, et de dire ce qui se passait pour l'énergie à cet endroit. Elle appelait ces centres des Chakras, un terme sanscrit qui signifie roue. Ainsi, cette ancienne théorie décrit l'être humain comme constitué de différentes roues d'énergie. Chez un individu en bonne santé, chaque chakra doit être ouvert et clair, avec une énergie pouvant circuler librement. Si un chakra se bloque la personne sera incapable d'utiliser de façon efficiente l'énergie à ce niveau, et expérimentera une certaine déficience ou une maladie physique. Pour qu'une personne soit en bonne santé, autant physique que psychologique, chaque chakra doit être ouvert et capable de traiter l'énergie efficacement. Et chaque chakra a rapport avec un aspect caractéristique de l'être.

Elle m'apprit que le premier chakra est situé à la base de la colonne vertébrale au milieu du périnée. Quand il est en pleine santé la personne bénéficie d'un solide sentiment de sécurité et d'une saine relation à la terre et à la nature. Le second est situé juste sous le nombril, dans ce que les Japonais appellent le « hara », que nous appelons le ventre. Son domaine est celui des passions et des émotions. Quand il fonctionne pleinement, la personne est totalement consciente de ses sentiments et de son expression émotionnelle. Le troisième est dans le plexus solaire et a à voir avec le pouvoir personnel de chacun. Il ne s'agit pas là de la vision occidentale typique du pouvoir, si virile, de contrôle, force, ou coercition, mais du pouvoir d'agir, proprement, délibérément et efficacement. Le quatrième est situé dans le cœur et est concerné par l'amour, la compassion et la vie communautaire. Le cinquième est dans la gorge et est le centre énergétique de la communication et de l'expression. Le sixième se situe au niveau du front et est parfois connu sous le nom de « troisième œil ». Il a rapport avec l'intellect et l'intuition. Le septième, situé tout au sommet de la tête, appelé chakra coronal, a à voir avec la relation à son propre esprit.

C'était au départ un concept difficile à appréhender pour un occidental comme moi, avec ma formation poussée en méthodologie scientifique et en comportementalisme. En effet, quand on lui parle de chakras, la première chose que fait un occidental est de rechercher des structures sous-jacentes. « Qu'est-ce en réalité ? » Et il essaie de concevoir en termes de plexus neuronaux ou de systèmes glandulaires, c'est à dire quelque chose d'objectif avec lequel il serait plus à l'aise. Mais le fait est que le système des chakras provient d'une exploration subjective du corps. Ces énergies sont perceptibles de façon tangible pour ceux qui ont acquis la formation nécessaire. J'ai eu beaucoup de difficultés à accepter cette façon de voir… jusqu'à ce que je rencontre les animaux de pouvoir[1].

Quand j'ai rencontré mes animaux de pouvoir pendant mon jogging ce soir-là, plusieurs choses furent immédiatement significatives ou le devinrent plus tard.

D'abord, il n'y avait pas d'animal spirituel, je n'en vis jamais aucun. La question ne se posait pas pour mon chakra frontal, ou troisième œil, qui était un aigle, ni pour mon cœur qui était un ours. Ceux-là étaient les deux seuls animaux visibles par ma patiente dans le totem qu'elle avait vu, et l'aigle était l'animal du sommet. En conséquence, dans mon travail ensuite je ne m'occupais que des six premiers chakras et pendant un an je ne vis pas l'animal spirituel, ni chez moi, ni chez les gens avec lesquels je travaillais. J'en parlerai plus loin dans le chapitre neuf.

Deuxièmement, tous mes animaux étaient puissants sauf mon animal de la base, un lapin. Je riais parce qu'en courant j'avais la sensation de ces longs pieds de lapin pressant puissamment vers l'avant. Mais j'étais aussi conscient du lapin comme d'un animal faible et timide. Et c'était certainement le plus petit de mes animaux. Je n'aimais pas penser à moi comme à quelqu'un de

---

1   Choix de traduction de « Chakra animals », terme générique

timide, mais je dus reconnaitre que c'était un aspect que j'avais longtemps possédé et tenté de cacher.

Pendant les quelques jours suivants j'ai commencé à profondément ressentir le fait que même si durant la plus grande partie de ma vie je m'étais sérieusement investi dans l'éducation ou dans le fait de m'éduquer moi-même, un sentiment d'insécurité avait toujours été là. Je n'avais jamais reconnu que mon sentiment d'insécurité avait son origine dans le système éducatif lui-même, et combien ça n'avait rien à voir avec mon vécu, mes sensations ou mes attentes d'enfant. Je n'avais pas non plus le sentiment d'être moi-même fortement connecté avec la nature mais je savais que je me sentais plus sécure et plus serein dans la nature. Je devins conscient de façon poignante que je m'étais souvent senti isolé et mal assuré, pas solidement enraciné. Je passais aussi beaucoup de temps à penser au système des chakras, me demandant comment il s'articulait avec un groupe d'animaux. Que serait l'équivalent animal de tous les chakras fonctionnant pleinement en relation les uns avec les autres ? En termes de ce que j'avais appris de Ma Prem Mala, dans le système des chakras cela aurait signifié que chaque chakra soit ouvert et sain, traitant pleinement son énergie, et permettant à cette énergie de couler librement entre tous les chakras. Pour les animaux que j'avais vus, cela entrainerait que tous les animaux soient libres et en pleine santé, vivant en pleine harmonie avec chacun des autres. Ce à quoi je ne m'attendais pas était la façon dont les animaux (et apparemment les chakras) se soutenaient, et aidaient chacun à guérir, à grandir, pour vivre en harmonie tous ensemble.

Je développais aussi un intérêt renouvelé pour les mâts totem : Quelle était leur signification ? Pourquoi étaient-ils sculptés ? Quelle était l'origine de ces autochtones de la côte nord-ouest ? Etait-il possible que les mâts totem aient été originellement représentatifs de l'énergie des chakras ? Comment les autochtones de la côte nord-ouest se connectaient-ils aux animaux ? Est-ce que les mâts totem et la théorie des chakras avaient une origine commune?

LE CHIEN MORT

A ce moment là une de mes patientes était une femme que j'appellerais Jane.

Elle avait participé à une thérapie de groupe durant les cinq dernières années, depuis sa première « dépression nerveuse ». Ses symptômes étaient dépression, autonégation, et tendances suicidaires extrêmes. Ses thérapeutes précédents l'avaient encouragée à s'engager dans des contrats de « non-suicide », dans lesquels elle promettait de ne pas tenter de se suicider durant le temps de la thérapie. Elle m'avoua à la fin de notre thérapie qu'elle avait repassé le contrat quasiment quotidiennement pour ne pas tenter de se suicider.

Jane avait 34 ans, était divorcée avec deux enfants. Son attitude était véhémente et elle avait une voix haut-perchée. La première fois que je la rencontrai en groupe, elle exprima une peur de moi. Je lui assurai que je la respectais et avais confiance dans sa capacité à grandir, et que je ne ferai rien pour la menacer ou la forcer, ce qu'elle accepta. Elle me dit à ce moment là qu'elle se haïssait parce qu'elle n'était pas parfaite. Je lui dis que j'avais le sentiment que chaque être humain était une magnifique fleur au plus profond de lui. Elle me répondit être sure qu'il n'y ait aucune fleur en elle. Je conduisis le groupe dans une visualisation pour atteindre sa propre fleur interne. Jane exprima sa surprise de ce qu'elle avait vu : un minuscule bébé.

A notre rencontre suivante j'en appris plus de son histoire. Elle avait grandi dans un ranch isolé du nord du Wyoming. Sa mère était dominatrice, habituellement irritée et sur la défensive. Depuis sa naissance, Jane avait le sentiment de n'avoir jamais été assez bien pour sa mère et de n'avoir pas été désirée. Sa sœur ainée avait une personnalité similaire à celle de sa mère. Son père était passif et tranquille.

Elle dit qu'elle avait le sentiment de n'être rien; son existence était un puits très noir avec un couvercle posé dessus. Le seul plaisir qu'elle ait expérimenté dans sa petite enfance était lorsque son père l'emmenait chasser ou pêcher avec lui. Bien qu'il parlât rarement, dans ces occasions elle sentait qu'il se souciait vraiment d'elle. Quand je lui demandai si elle pouvait donner un nom différent à chacune de ces petites filles, elle appela celle-ci « Richesse ». Le nom de l'autre était « Rien ». Elle exprima aussi une envie de se retirer dans un coin de la pièce où elle se sentirait en sécurité. Je lui assurai qu'elle était libre de se retirer dans ce coin quand elle le voulait, de même qu'elle était aussi libre de sortir de ce coin. Je l'encourageai à pratiquer ces deux mouvements de façon à ce qu'ils deviennent volontaires.

A la séance suivante je lui demandai de disposer les chaises dans la salle pour figurer les positions des membres de sa famille à la maison. Les chaises de sa mère et de sa sœur furent placées au centre de la pièce ; la sienne et celle de son père furent placées dans deux coins. En tant que nouveau-né sa position avait d'abord été au centre de la pièce, mais en s'asseyant dans cette position elle se sentit immédiatement jalouse de sa mère et de sa sœur. Quand elle bougea vers un coin de la pièce son père gagna aussi un coin en soutien silencieux pour elle.

Dans la séance suivante j'utilisai l'imagerie guidée pour mettre en contact les membres du groupe avec leurs animaux de pouvoir. L'animal du front de Jane (intellect/intuition) était un aigle géant. Jane se tenait sous lui et pouvait juste voir ses pattes et le bas de son corps. Ses premiers mots envers elle furent pour lui dire combien elle était bête et stupide. Cela la choqua et elle lui demanda pourquoi il lui disait de telles choses. Il répondit qu'il voulait lui donner un exemple de ce qu'elle se faisait à elle-même.

L'animal dans sa gorge (communication) était une belette. Jane s'en sentit rabaissée, mais elle avait une certaine compréhension du fait qu'elle utilisait la communication pour tenter de se tirer de certaines situations à la manière d'une belette.

L'animal dans son cœur (amour/compassion) était un chien mort couvert de moisissures étendu sur un bloc de pierre dans une grotte. Le chien était apparemment mort depuis un grand moment. Jane en était visiblement secouée. Moi aussi. La question que je me posais était : « Cela signifie-t'il qu'elle va se suicider ? »

L'animal dans son plexus solaire (pouvoir) était un oiseau blanc dans une cage. L'oiseau demanda à Jane d'ouvrir la porte de la cage et de le relâcher. Elle fit ce qu'il demandait et quand il sortit de la cage il se transforma en un grand dragon, rugissant d'angoisse. Jane, terrifiée, s'empara immédiatement de lui, le poussa dans la cage et ferma la porte, et il redevint un oiseau blanc. L'animal dans son ventre (émotion/passion) était un petit ours tout doux. Il rentra à l'intérieur de Jane et en extrait une petite pierre bleue. Lorsqu'il éleva la pierre, un doux rayon bleu en émana et illumina la pièce entière d'une sensation agréable.

Son animal de la base était un marsouin joueur.

En mettant en relation le système des chakras et les animaux, j'étais arrivé à la conclusion que l'équivalent d'un chakra fermé ou limité était un animal blessé, en cage, ou qui d'une certaine façon ne fonctionnait pas normalement. Pour les animaux de Jane, cela voulait dire que son chakra « pouvoir » était fermé (l'oiseau blanc dans la cage). Mais quand il était ouvert, l'état et la taille de sa puissance l'effrayaient sévèrement (le dragon). De plus, j'avais quelques sérieuses questions à propos du chien mort. L'une d'entre elles était : « Cela signifie t'il que le chakra de son cœur est totalement mort et ne pourra plus jamais fonctionner ? Est-elle totalement morte pour expérimenter l'amour et la compassion à nouveau ? Et si oui, que faire maintenant ? »

Comme je l'avais fait avec mes propres animaux, je demandais à Jane d'inviter ses animaux à se réunir afin qu'ils puissent eux-mêmes évaluer la situation et décider quelle action devait être entreprise. L'oiseau blanc lui dit qu'il devrait être relâché de sa cage pour se rendre à la réunion du Conseil. Elle ouvrit la cage à contrecœur et lui permit de sortir. Il se transforma à nouveau en dragon, rugissant. Et soudain Jane fut consciente qu'il était plus gémissant que rugissant : gémissant sur le chien qui était mort.

Quand les animaux se réunirent, ils se rencontrèrent dans la grotte et firent cercle autour du chien mort étendu sur le bloc de pierre. Ils se tenaient là, Jane parmi eux, et elle prit soudainement conscience de la présence d'un petit bébé et d'un garçon de quinze ans. Je la regardais quand elle explosa dans des sanglots incontrôlables.

« C'est le bébé dont j'étais enceinte quand j'avais dix-neuf ans ! J'ai avorté ! Je n'aurais pas dû faire ça ! J'avais totalement tort ! C'était terrible pour moi, cet avortement ! Je n'aurais pas dû le faire ! Je n'aurais pas dû ! »

C'était la première fois que j'entendais parler de cet avortement.

Elle savait que le garçon de quinze ans était le bébé qui aurait dû naître. Le garçon se tourna vers elle et dit : « Tout va bien, je suis content là où je suis. Tu as fait ce que tu devais faire à l'époque et je ne suis pas en colère contre toi. Maintenant il faut que tu acceptes le fait que tu as eu un avortement et que tu ne te juges pas. »

Elle éclata à nouveau en larmes. « Non ! J'avais tort ! Je n'aurais pas dû le faire ! Je n'aurais pas dû le faire ! J'ai tué un petit bébé ! »

Le garçon et les animaux la regardèrent avec compassion et fermeté et dirent, « Tu dois accepter le fait que tu as eu un avortement. »

Elle gémit à nouveau « Je ne peux pas ! Je ne peux pas ! J'avais tort de faire ça ! »

Calmement mais fermement, ils répétèrent : « Tu dois l'accepter ». Il n'y avait pas de contrainte de la part des animaux, aucune tentative de forcer Jane d'aucune façon. Mais ils se montraient maintenant fermes dans leur avis unanime.

Après un accès de pleurs prolongé Jane dit calmement : « Très bien. Je l'accepte. J'ai eu un avortement. A ce moment le chien revint soudainement à la vie. Son pelage devint lisse et brillant, et il vint se tenir au côté de Jane. Le dragon arrêta de gémir. Et la belette se transforma en cygne.

La voix de Jane n'était plus haut perchée mais avait une douceur nouvelle quand elle dit : « Je crois que je me suis assez condamnée. J'étais juste une enfant. » Tous les animaux fêtèrent le chien revenu à la vie, et le bébé et le garçon étaient partis.

Jane était ahurie et profondément remuée. Moi aussi. J'étais aussi grandement soulagé.

MON NOM EST RICHESSE

Pendant notre travail durant les semaines suivantes, Jane conti-nuait à être ébahie et heureuse du retour de son chien. Elle com-mençait à sentir monter un amour profond pour tous ses animaux, elle les sentait toujours avec elle, en elle, qui l'accompagnaient.

Et un jour elle arriva visiblement bouleversée. Elle me dit que son dragon, dont elle avait eu si peur au départ, avait commencé à changer. Elle avait appris à l'aimer et maintenant il commençait à changer. Elle ne le voulait pas. Elle l'aimait en tant que dragon et voulait le garder tel quel. Or il avait déjà perdu ses écailles, son corps était devenu plutôt velu, et elle savait que ses pattes allaient s'allonger. Elle en était profondément attristée et lui demanda d'arrêter de changer, ce qu'il fit consciencieusement, mais les animaux devenaient passifs et insensibles.

Et elle se sentait déprimée et chamboulée. Je lui parlai un moment du besoin de lâcher prise. Du fait que le développement implique des changements, et que le changement implique de lâcher l'ancien pour faire de la place au nouveau. Je lui parlais aussi de la peine et de la tristesse à laisser partir quelqu'un qu'on aime, et de la nécessité d'être prêt à vivre ces émotions douloureuses, sans essayer de les tenir à distance. Elle me dit qu'elle avait toujours eu des difficultés à laisser partir les gens et les choses qu'elle aimait. J'expliquai que lâcher prise ne signifiait pas arrêter d'aimer mais cesser de s'accrocher. Elle reconnut finalement que son effort pour maintenir le dragon tel qu'il était envers et contre tout rendait les choses malheureuses, et qu'en fait c'était de tout façon futile, car il était déjà différent . Elle accepta de le laisser partir.

Dans la visualisation que nous fîmes alors, Jane rencontra son dragon, plutôt dépenaillé, qui lui dit qu'il partait. Elle lui dit au-revoir et le regarda monter une colline. J'encourageai Jane à pleinement ressentir la tristesse de le laisser partir et elle pleura. C'était la toute première fois qu'elle laissait volontairement partir quelque chose qu'elle aimait. Quelques moments plus tard un cheval brun ailé vola vers elle. Elle savait que c'était son animal de pouvoir transformé. Il l'emmena dans une vallée lointaine où elle trouva une petite fille nommée Richesse qui était elle-même.

Un mois plus tard Jane vint me trouver pour une séance individuelle. Elle me dit que ses pensées de suicide étaient devenues récemment très intenses. Alors que nous parlions elle me révéla que ces pensées s'accompagnaient toujours d'un sentiment de terreur. En la questionnant plus avant elle révéla quelque chose qu'elle n'avait apparemment pas réalisé jusque-là : à savoir qu'elle ressentait d'abord de la terreur, et qu'ensuite ses pensées s'orientaient immédiatement vers le suicide. Nous convînmes de nous voir la semaine suivante pour faire une visualisation où elle affronterait sa terreur directement, et je lui demandai de reconduire son engagement à ne pas se suicider.

Quand nous nous vîmes la semaine suivante elle me dit qu'elle ne voulait pas venir me voir mais savait qu'elle devait le faire.

Elle n'avait pas dormi les dernières nuits, et le sentiment de terreur avait toujours été présent.

Dans la visualisation je lui demandai d'abord de rencontrer les animaux. Ils se réunirent tous dans la grotte et je suggérai à Jane de leur demander si c'était un moment approprié pour affronter sa terreur. Ils admirent tous que le moment était propice à part l'aigle (intellect/intuition) qui resta silencieux. Elle demanda s'ils la soutiendraient lors de la rencontre et ils dirent tous qu'ils le feraient.

Je demandai à Jane de laisser sa terreur se présenter à elle sous la forme d'une image. Elle apparut immédiatement : un grand homme barbu qui portait un chapeau noir et faisait claquer un fouet de façon menaçante. Il ressemblait beaucoup à son père, excepté que son père n'avait pas de barbe. Elle lui demanda pourquoi il faisait claquer son fouet.

« Pour te faire peur, » répondit-il.

« Que veux-tu de moi ? » demanda t'elle.

« Que tu disparaisses ! »

Je suggérai qu'elle lui demande s'il serait prêt à lui donner son énergie pour sa croissance et il dit qu'il ne le voulait pas. Alors je suggérai à Jane de demander qu'il lui dise la première fois qu'il était apparu dans sa vie.

Immédiatement elle se vit comme un tout petit enfant, sautant sur un lit avec sa sœur, faisant du bruit et s'amusant. Leur mère était malade, dans une pièce adjacente. Son père apparut alors à la porte, en rage. Il décrocha sa ceinture et les fouetta toutes les deux, laissant zébrures et boursouflures sur leurs petits corps.

Jane étais très surprise et remuée par ce souvenir apparent. Instinctivement je lui demandai de prendre les animaux qu'elle souhaitait avec elle et de retourner à cette scène ancienne soigner ces deux petites filles et ce père. Elle prit le chien (amour/compassion) et le cheval ailé (pouvoir). Le chien lécha les blessures des deux fillettes, ce qui les guérit, et le cheval ailé guérit le père de sa rage.

Puis elle revint avec les animaux à la grotte où la Terreur attendait aussi. L'homme était petit maintenant. Elle lui demanda à nouveau s'il lui donnerait son énergie pour sa croissance. Il refusa et grandit à nouveau.

Je suggérai qu'il lui montre la seconde fois où il était venu dans sa vie.

Elle vit une scène où elle était toute petite, âgée de deux ans peut-être, avec les mains attachées dans le dos. Il y avait beaucoup de monde autour d'elle, mais elle ne savait pas ce qui se passait. Je lui suggérai de voir la scène juste avant celle-ci. Elle se passait dans la maison de ses parents. Il y avait une fête. Elle se rendit aux toilettes d'elle-même, fière d'elle parce qu'elle le faisait pour la première fois, mais elle en sortit sans culotte. Ses parents furent choqués, lui donnèrent une fessée, et lui attachèrent les mains dans le dos. Elle ne comprenait pas pourquoi ils étaient contrariés car elle pensait avoir fait quelque chose de bien.

A nouveau je suggérai qu'elle retourne à cette scène, en prenant les animaux qu'elle voulait, pour soigner la petite fille et ses parents. Elle prit le cygne (communication) et l'ours (émotion), et au dernier moment le chien (amour/compassion) vint aussi.

Il y avait tant de monde qui faisait du bruit qu'elle paraissait ne rien pouvoir faire. Alors le cygne trompetta et occupa les gens pendant qu'elle détachait les mains de la fillette, et avec le chien ils l'apaisèrent. L'ours s'occupa des deux parents étendus au sol, leur ouvrit la poitrine, et avec son joyau bleu effaça quelque chose de leur cœur.

Une fois retournés à la grotte, la Terreur était toujours là aussi je suggérai que l'homme lui montre la troisième fois qu'il était venu dans sa vie. Alors elle vit une suite de plusieurs événements, -correction, punition et rejet -, comme s'ils étaient projetés sur le mur de la grotte. Je suggérai que tous les animaux se tiennent près d'elle et irradient une lumière de guérison depuis leur cœur jusqu'à ces scènes. Ce qu'ils firent.

A la fin des scènes la Terreur était partie. Le fouet gisait sur le sol. Les animaux lui dirent qu'elle devait le démêler et en faire une suspension murale en macramé. Elle répugnait à la faire aussi je suggérai que son père voudrait peut-être l'aider. Et il y était prêt. A deux ils démêlèrent le fouet et prirent le temps de faire le macramé. Quand ils eurent fini, Jane dit brutalement, « Mon Dieu ! C'est exactement l'objet que j'ai fabriqué il y a cinq ans quand j'étais à l'hôpital ! »

Tous les animaux dansèrent alors avec Jane et son père.

Quand la séance fut terminée, Jane me dit qu'elle ne se rappelait pas de ces deux événements et qu'ils n'étaient certainement pas arrivés dans son enfance. Je lui dis que le fait que ce soient des événements réels ou non n'avait pas d'importance.

Visiblement quelque chose en elle avait changé, avait été soigné, elle ne sentait plus la terreur et c'est ce qui comptait.

Quand je la vis deux semaines plus tard elle exprima la stupéfaction de ne plus avoir eu de pensées suicidaires. Elle dit que c'était étrange pour elle car dans les cinq dernières années elle n'avait pas passé un jour sans penser au suicide.

Elle avait un regard clair, direct. Sa voix était calme et posée. Elle me dit que ses amis faisaient des commentaires sur la façon dont elle avait changé. Elle me dit aussi que le petit ours avait maintenant grandi jusqu'à une taille adulte, et que chacun de ses animaux avait un joyau bleu rayonnant dans son cœur. Elle se sentait profondément heureuse. Trois mois plus tard elle rendit visite à sa sœur qui vivait dans une ville voisine, et sans rien mentionner directement elle lui demanda si elle se souvenait de quelque chose de pénible qui leur soit arrivé quand elles étaient enfants. Sa sœur commença tout de suite à lui parler de cette fois où elles avaient été fouettées pour avoir sauté sur le lit pendant que leur mère était malade.

VOYAGES

En juin 1983 je me rendis à Vancouver, Colombie Britannique, pour présenter un article au congrès annuel de l'American Association for the Study of Mental Imagery[1] . C'était la première présentation formelle de ce que j'en étais venu à appeler le Processus de Totem Personnel (PTPP) et j'avais plaisir à commencer dans la région où les sculpteurs de totem avaient vécu.

C'était ma première participation à un rassemblement de cette organisation, qui était relativement récente puisque c'était son cinquième congrès annuel.

J'étais frappé à ce congrès par le nombre important d'articles très académiques qui tentaient de faire entrer l'imagerie dans un mode traditionnel de recherche scientifique, avec analyses statistiques et taux de fréquences, et qui passaient à côté de l'aspect

---

1   Association Américaine pour l'Etude de l'Imagerie Mentale

vivant, riche et créatif que l'imagerie donne à l'individu dans sa singularité. Mais j'étais aussi conscient que la plupart de ces gens avaient été formés selon le modèle psychologique traditionnel, où la méthode scientifique est considérée comme un fondement plutôt qu'un outil parmi d'autres. Ma propre formation traditionnelle et mes premières recherches étaient issues de ce moule, probablement plus encore même que pour la majorité des présents. En effet ma thèse était une étude électrophysiologique de la température des récepteurs cutanés des chats et des singes, une étude qui aurait aussi bien pu être réalisée dans un service de physiologie ou de biophysique.

Ma conférence était programmée à la même heure que celle de Jerome L. Singer [2] de l'université de Yale et une douzaine de personnes seulement étaient présentes au départ.

Je dis à ce petit groupe que j'allais leur parler en tant que thérapeute, et non en scientifique, et je commençai à décrire mon alliance thérapeutique avec Jane. Pendant que je parlais, de plus en plus de gens arrivèrent dans la salle jusqu'à former un grand groupe. Plus tard j'ai découvert que le Dr Singer n'était pas venu pour sa conférence, avait laissé un message téléphonique à l'hôtel pour annoncer son absence, et que le message n'ayant jamais été délivré j'avais hérité de son auditorat.

Ma conférence fut bien accueillie, il y eu plusieurs questions d'auditeurs, et un intérêt considérable fut exprimé envers mon approche. Deux psychiatres et un psychologue se rapprochèrent de moi pour une brève session expérimentale après mon exposé.

Après mon départ de Vancouver, je m'arrêtai à Portland, dans l'Oregon, pour rendre visite à Ma Prem Mala, que je n'avais pas vue depuis ma découverte des animaux de pouvoir. Tout en prenant le café, je lui décrivis en détail les circonstances de leur découverte. Quand j'eus terminé, elle resta silencieuse un grand

---

2   Professeur émérite de l'Université de Yale, spécialisé dans la recherche sur la psychologie de l'imagination et le rêve éveillé.

moment, et en me regardant directement dit doucement, « Ce pendentif était une clé, et il fallait qu'il ouvre quelque chose en toi pour que tu reçoives le message que cette femme portait. Elle a délivré le message et c'est pour cela qu'elle n'est jamais revenue te voir. Son travail était fait. Elle était seulement un messager et sans doute qu'elle n'a réalisé ni la signification, ni même la nature du message qu'elle a délivré. »

C'était étrange, et en même temps réconfortant d'entendre cela. J'avais moi-même senti que ce processus était quelque chose que je n'avais ni inventé ni créé, mais quelque chose de très ancien qui nous était maintenant rendu. Et je me sentis honoré d'être l'un des vecteurs par lequel il revenait au monde. J'écrivis aussi un article que je soumis au Journal of Transpersonal Psychology. Au départ j'avais intitulé l'article « The Personal Totem Pole » et bien que je n'y décrive pas la voie spécifique par laquelle j'étais arrivé au processus, j'attribuais potentiellement le procédé aux Amérindiens de la Côte Nord-Ouest.

Quelques mois plus tard je reçus un coup de téléphone du Dr Miles Vich, l'éditeur du Journal. Il me dit que l'article était entré dans leur étape de révision éditoriale, qu'il avait été bien reçu, mais que se posaient certaines questions à propos de la relation entre le processus et les Indiens de la Côte Ouest. Je reconnus que rien n'avait été vérifié, que cette relation n'était pas essentielle pour le travail ou la compréhension du processus, et que je pourrais m'en tenir à l'omettre à ce moment là, pour faire des recherches plus approfondies sur la question. Le Dr Vich était amical et cordial ; sa droiture et sa sincérité me firent bonne impression.

Aussi je fus surpris quand peu après je reçus une copie de mon article qui proposait des changements éditoriaux. La plupart des changements étaient appropriés et amélioraient mon écriture originale, mais je fus perplexe d'y voir une déclaration négative concernant la relation de ce processus à des cultures plus « primitives ». Le paragraphe final proposé était :

« *Il est aussi important de pointer que cette utilisation symbolique et métaphorique des animaux est très différente de l'identification primitive aux animaux telle qu'elle est pratiquée dans les cultures animistes et totémiques. Le but de la procédure décrite ci-dessus est d'aider et d'assister le patient à se libérer de ses réponses conditionnées, de ses comportements névrotiques et autres limitations similaires, et à évoluer au moyen d'une conscience grandissante et d'un plein développement de ses capacités psychologiques et spirituelles. C'est un but bien différent d'une identification d'origine religieuse ou sociale avec un esprit animal totem. Alors que la puissance évocatrice de l'imagerie animale peut être forte dans l'utilisation de l'imagination, tant dans l'utilisation totémique que thérapeutique, les différences dans le contexte culturel, les intentions et les résultats conduisent dans des directions psychologiques différentes.* » (Italiques de l'auteur).

Cela me rendait perplexe parce que cette affirmation était à l'opposé de mes pensées sur le sujet, et bien qu'ayant admis que ma familiarité avec les études anthropologiques était maigre, j'avais l'intuition que le paragraphe que j'ai mis en italique était incorrect. Je sentais en particulier que l'utilisation de l'imagerie animale, l'art et les costumes des Indiens de la Côte Ouest étaient un moyen d'évoluer au-delà d'un ego étroit, un mode d'expansion vers une plus totale humanité. Et je peux seulement dire que je sentais cela à travers l'aspect vivant et conscient exprimé dans leur art.

Je restais bloqué sur cette inclusion de paragraphe pendant des jours. D'un côté je sentais qu'il était important que mon article soit publié pour que d'autres thérapeutes et professionnels puissent commencer à explorer cette dimension de l'évolution. D'un autre côté, je sentais qu'inclure un tel paragraphe affirmerait quelque chose que non seulement je ne croyais pas, mais qui en plus était en opposition avec ce que je pensais être en cause.

Finalement j'appelai Miles et lui exposait mon souci. Je lui dis que je pensais que l'utilisation des animaux était significative pour l'évolution psychologique des peuples originels de la Côte

Nord-Ouest, que c'était indiqué dans leur art, dans la description de nombreux animaux sculptés en cours de transformation d'un animal à l'autre ; que leurs rituels culturels impliquaient qu'ils se vêtent comme des animaux divers et deviennent rituellement ces animaux ; que leur culture était basée sur une grande valorisation d'une conscience totale, et qu'en fin de compte ils étaient hautement chamanes. Et que si le chamanisme se soucie d'une chose, c'est bien de transformation. Miles comprenait parfaitement et je sentais que ce paragraphe ne venait pas de lui mais d'un autre membre de l'équipe éditoriale. Nous fûmes d'accord que le mieux serait d'omettre ce paragraphe en entier.

L'article fut publié sous le titre « Animal Imagery, the Chakra System, and Psychotherapy », dans la parution de l'hiver 1983. Il fut apparemment bien accueilli, pour preuve un certain nombre de demandes de tirés à part et plusieurs lettres de professionnels du monde entier commencèrent à m'arriver. Quelques thérapeutes qui commencèrent à employer la méthode m'écrivirent pour me raconter leurs résultats et louèrent cette approche.

Après l'écriture de mon article je fus encouragé par mon ami, Mel Bucholtz, thérapeute à Cambridge dans le Massachussetts, qui avait lu l'article, à venir à Boston pour diriger un atelier à l'Interface Institute[3], dont il était membre. Il m'introduisit auprès des directeurs et en Janvier 1984 je visitai Boston.

Lors du rassemblement d'invités à l'appartement de Mel, il me demanda de faire un court discours sur mon approche. En me présentant il dit :

> J'aimerais vous présenter un bon ami et collègue, Steve Gallegos, et je voudrais vous dire ce que Steve est en train de faire. Cela me semble être une fusion extrêmement importante de nombreuses approches poétiques et esthétiques différentes, autant que le travail d'hypnose de Milton Erickson quand on l'étudie très attentivement. Ces

---

3   Un des premiers centres de développement personnel de la Côte Est

jours derniers j'ai fait quelques constatations, et certains qui ont contribué à ce travail sont ici, comme Dennis et Barbara Tedlock[4]. Tous deux ont fait un magnifique travail concernant ce que peut nous offrir l'Amérindien, pour nous aider à porter notre attention sur ce que peut être un changement de conscience, d'une façon très réelle et très personnelle. Vous allez pouvoir voir par vous-même, ce que je trouve intéressant dans le travail de Steve est qu'il me semble être la première psychologie indigène à cent pour cent, c'est-à-dire une sorte de psychologie qui paraît provenir quasiment physiquement du fait de vivre ici.

Nous sommes tous familiers avec les apports de l'Orient, de l'Europe, les concepts de pensée, et celui-ci est une approche d'une telle simplicité, naturellement évoquée par l'inconscient, que j'en fus choqué la première fois que je le rencontrai. Vous savez, quand vous trouvez quelque chose d'extrêmement vrai, vous n'êtes pas tant marqué sur le moment, mais plus tard , bien plus tard, vous dites : « Ceci est vraiment bon, n'est-ce pas ? ». Et c'est l'impression que m'a donnée le travail que Steve m'a présenté. Une chose qui vient à l'esprit à ce propos est un écrit peu connu de C. G. Jung, *Mind and the Earth*. C'est une chose fabuleuse dont Jung a parlé quand il visita les Etats Unis en 1912, quand il vint à l'université de Clark à Worcester. Il vint avec l'un de ses amis médecin à Buffalo, New York. Et regardant les travailleurs sortir par le portail d'une fonderie Jung dit à son compagnon : « La plupart de ces gens sont des Indiens d'Amérique » ; son ami se tourna vers lui et dit : « Je ne pense pas qu'il y en ait peut-être dix en tout qui soient Indiens d'Amérique ». Et Jung utilisa ceci comme point de départ pour dire qu'il sentait qu'il y avait une sorte d'indianisation de la conscience américaine. La raison qui le fit en arriver là est qu'en travaillant avec beaucoup de patients américains, il remarqua qu'il y

---

4   Couple de chercheurs ayant beaucoup travaillé sur la culture Maya

avait une façon de bouger, de symboliser, qui n'avait pas de ressemblance avec la façon dont les Européens symbolisaient leur expérience. Jung parlait d'un legs hérité de la conscience amérindienne qui semblait passer à travers les gens qui vivaient ici. Comme si seulement vivre sur cette terre dictait une façon de symboliser à travers son corps pour négocier simplement d'être ici. Et cela nous est un peu étrange pour être compris : le fait que la terre influence directement la façon dont l'esprit fonctionne et symbolise l'expérience.

Dennis Tedlock a écrit un poème magnifique, « *The Way of Word of Breath* », qui, à mon avis, reflète aussi l'évolution de la poésie américaine qui parle tant de la qualité de la respiration. Respirer, après tout, comme il l'a montré, est une indication ou un index du degré de santé du cœur et des poumons, qui eux-mêmes en donnent l'indication pour le corps entier. Ainsi si nous nous tournons vers la musique d'église nous trouvons que la musique nous inspire, les cantates ou les chants sont une déclaration de la qualité de la respiration qui révèle la santé de l'individu. Et ceci nous revint à l'esprit quand Steve et moi parlions. Comment la respiration révèle t'elle la qualité de la personne et la vie que la personne a vécu ?

Une chose que je remarquais à propos du travail de Steve, c'est qu'il démarre à l'endroit où finissent ce que j'appelle les psychologies occidentales, qui pour la plupart ont affaire avec l'ego. Une des raisons pour laquelle ceci est si excitant pour moi est que cela implique une qualité de transcendance, qui conditionne le comportement immédiat.

Et puis je pensais à la déclaration de Ram Dass[5], « Vous ne pouvez aller qu'aussi loin que votre thérapeute ». Voilà

---

5   Nom indien de Richard Alpert, professeur de Harvard qui a décrit des expériences sous LSD avant de poursuivre sa formation en Inde, puis de se tourner vers la méditation. A écrit le best-seller « Be here now ».

une importante citation. Picasso le pointait de la même façon ; quand un étudiant vint à lui et dit : « Pensez-vous que je serai aussi bon que vous ? », Picasso répondit : « Imbécile, vous feriez mieux d'être meilleur que moi ! Moi l'enseignant j'ai 74 ans et vous en avez 23 !»

Il existe donc une sorte d'état, où quelque chose apparemment bien loin de vous en terme de matérialité et d'ego vous guide ou dirige votre apprentissage. Si vous n'agissez que du point de vue de l'ego, tout votre travail est patchwork, pour résoudre un problème immédiat, puis un autre et un autre. Et ceux d'entre nous qui sont cliniciens connaissent cela. Vous ne faites que trouver une issue immédiate, ou vous traitez des symptômes, ou vous voulez les décrire.

Ceci me conduit à parler d'une autre référence à D. T. Suzuki par R. H. Blyth[6], qui présente la poésie des haïkus comme l'expression ultime de la réalisation de la pensée orientale à son apogée : le point où elle produit une action. Il dit : « Nous saisissons la signification inexprimable d'une chose ou d'un fait ordinaire jusqu'ici oublié. Le Haïku est l'appréhension de la chose, par la réalisation de notre unité originelle avec elle. Le mot de réalisation ayant ici le sens littéral de « rendre réel en nous ». La chose se perçoit d'elle-même en nous ; nous la percevons par simple prise de conscience. La joie de notre réunion apparente avec les choses, toutes les choses, est simplement le bonheur d'être notre moi véritable. Avec « toutes les choses », comme le Dr Suzuki l'explique dans son travail sur le Zen : quand une chose est comprise, toutes le sont avec elle. Une fleur est le printemps, une feuille tombante est la totalité de l'automne, de chaque automne, de l'éternel automne de chaque chose et de toutes les choses.

---

6   Auteur anglais passionné de culture japonaise. D.T. Suzuki est son maître Zen.

Ce que je trouve si incroyable là dedans est le sentiment de rétablissement. Retrouver ce qui anime quelqu'un, voilà ce qui organise l'expérience. Dans mon travail, comme certains d'entre vous le savent, je sens que l'esthétique est ce qui organise l'activité de l'inconscient vers le conscient. Et ce que Steve a fait, d'où son importance, c'est de le laisser faire directement par la personne, et cela se fait d'une façon si élégamment simple et précise, cela semble venir directement de la façon dont les Amérindiens comprenaient la relation du moi aux formes et aux forces de la Nature. Une façon très élémentaire, très simple, mais très sophistiquée de comprendre sa propre relation à l'environnement, qui laisse intactes des solutions fondamentales : comment garder intact le sens de son moi lors de son contact au monde, comment comprendre la nature de la mise en relation, que ce soit avec sa famille humaine proche, avec la famille animale ou la famille végétale, l'environnement, de façon à rester connecté tout du long. Et il y a des éléments que j'ai vus quand Steve et moi avons commencé à parler ; quand il me dit : « Et bien, j'ai hésité à propos de ces choses animales », vous savez, de sa façon incroyablement désinvolte ; « ça semble intéressant mais je ne suis pas exactement sûr de ce que cela signifie ». Je me suis assis des jours entiers et je pensais : « eh bien, je me demande ce que cela veut dire ? » et puis j'ai dit : « Ce que cela signifie ? Je crois que je vois, Steve, je sais ce que cela veut dire. »

Aussi je suis vraiment très heureux de pouvoir prendre du temps pour que vous soyez avec Steve et avec son travail et je lui ai demandé de bien vouloir nous raconter comment cela lui est venu, et de parler de ce travail spécifique qui illustre les choses que j'ai comprises et celles qu'il y voit en plus, qui sont si naturelles pour une personne se soignant elle-même. C'est un système global, ce ne sont pas uniquement des parties qui se mettent ensemble, le système rassemble la personne dans une globalité naturelle, si magnifiquement, je n'ai jamais rien vu de tel.

Puis à Boston, je dirigeais deux ateliers, un à l'Interface Institute, l'autre à l'Institute of Neurolinguistic Programming[7]. Il faisait un peu froid à Boston et je n'avais pas emporté les vêtements adéquats. Une vague de froid appelée le Siberian Express balayait tout depuis l'Arctique. J'attrapai un rhume et néanmoins les ateliers fonctionnèrent très bien. En fait, plusieurs thérapeutes présents aux ateliers commencèrent ensuite à employer les animaux de pouvoir dans leur travail.

Avant chaque animation d'atelier je contacte toujours mes animaux et demande leur avis sur ce que je dois faire dans l'atelier, et demande leur soutien. Avant de quitter l'Oregon pour Boston mon animal de cœur avait changé, d'un ours en un bouton fermé de lotus blanc. Il ressemblait à un grand globe translucide. Mes animaux, très petits par rapport au lotus, était tous assis en cercle en lui comme de petites graines.

Pendant que Mel me conduisait vers le second atelier je pris contact avec mes animaux et sentit une profonde vague d'émotion quand je vis que le lotus avait éclos et que les graines animales se répandaient sur la ville de Boston.

---

7   Institut de PNL

ELEVER DES CHIOTS

Je continuais à explorer les animaux de pouvoir avec chaque client avec lequel cela paraissait faisable, et j'étais soufflé de la façon dont les animaux travaillaient. Ils semblaient connaître les dimensions intérieures de l'individu, avaient accès à des informations que ni le patient ni moi n'avions, savaient comment pacifier la thérapie et quand introduire du nouveau matériel, étaient si compétents et subtils dans leur façon de travailler. Ils avaient un superbe sens de l'humour. Pour faire court, ils étaient les thérapeutes les plus compétents que j'aie jamais rencontrés. Et ils étaient soucieux non seulement de guérir le patient, mais aussi de l'aider à atteindre sa plénitude. Un an après ma première rencontre avec les animaux je les présentais à une patiente que j'appellerai Mary.

Mary était une jeune professionnelle qui venait me voir car son superviseur lui avait demandé de prendre conseil à propos d'une évidente difficulté à communiquer. Elle me dit qu'elle était surprise par la requête, elle avait l'impression de communiquer correctement. En effet, elle était ouverte et directe avec moi. Elle me dit qu'elle se sentait intimidée par son superviseur et généralement retenue devant l'autorité, sentant que ce n'était pas à elle de se mettre en avant si une personne d'autorité était présente. Elle avait l'apparence d'une jeune femme sensible et intelligente qui en savait peut-être souvent plus que son superviseur mais avait appris, pour des raisons culturelles, à ne pas paraître plus informée qu'une figure d'autorité. Ma première pensée fut qu'elle pourrait bénéficier d'une formation en affirmation de soi.

Mary m'informa aussi qu'un matin, à l'âge de quatre ans, elle avait joué avec des allumettes et que le pantalon qu'elle portait avait pris feu, lui brûlant gravement les deux jambes. Il en résulta de longs séjours à l'hôpital pendant les six années suivantes, où elle subit plusieurs greffes de peau. Comme sa famille vivait dans une ferme à trois cents kilomètres du plus proche hôpital, elle en était séparée pendant de longues périodes. Elle me dit aussi qu'au lycée elle s'était sentie quelque peu « parano ».

Elle était ouverte et réceptive, et très désireuse d'évoluer. Pour tester son imagerie je lui demandai d'imaginer qu'elle était une graine qui était restée dans la terre gelée pendant un long hiver. Le printemps arrive progressivement et la terre commence à dégeler. Une petite pluie chaude tombe, et imbibe la terre. La graine envoie des racines vers la profondeur de la terre et grandit en une fleur qui éclot.

L'image de Mary était faite de racines filiformes poussant profondément dans un sol riche, d'une tige épaisse et forte avec quelques épines, et d'une délicate fleur blanche à huit pétales. La fleur lui dit : « Je fleurirai pour toi mais ne me cueille pas. Apprend à partager mes besoins avec moi. » Les deux séances suivantes se passèrent à prendre contact avec ses animaux de pouvoir.

L'animal du front de Mary était un renard qui vivait dans une grotte. Son nom était Colère[1] et il lui dit qu'il n'aimait pas être mis en cage. Quand on lui demanda qui l'avait mis en cage, il dit que tout le monde le faisait. Il dit à Mary qu'il voulait que les gens sachent qu'il pouvait faire de bonnes choses, qu'il n'était pas entièrement mauvais.

L'animal de sa gorge était un hibou appelé Hooty qui ressemblait à une caricature de dessin animé. Je dis alors à Mary que les choses pouvaient être drôles, elles n'avaient pas toujours à être terriblement sérieuses.

L'animal de son cœur était une belle colombe[2] nommée Colombe . Elle lui dit d'être en paix, et aussi qu'elle devait savoir qu'elle n'était pas comme quelqu'un d'autre, qu'elle était un individu et devait accepter ce fait.

L'animal de son plexus solaire était une tortue nommée Toby. Elle dit à Mary d'être patiente, que parfois elle était trop pressée et aurait besoin de s'arrêter et de regarder aux petits détails.

L'animal de son ventre était une chienne terrier qui venait juste de donner naissance à quatre chiots. Elle les prit un par un et les porta à Mary, les mit sur ses genoux, et lui demanda de les nourrir, d'en prendre soin et de les aimer. Quand on demanda à cette chienne terrier de quoi elle avait besoin, elle répondit que son seul besoin était de connaître l'amour de Mary envers les chiots. Elle lui donna les noms des chiots : Joey, Bernard, Bernice, et Pal, puis partit pour ne jamais revenir. Mary pleura.

L'animal de la base de Mary était une girafe mâle nommée Paul qui exprima sa joie de la voir. Mary lui demanda s'il voulait venir avec elle rencontrer les autres animaux et tenir un Conseil. Il accepta. Elle l'emmena pour rencontrer les chiots et le laissa avec eux. Elle alla voir la tortue et demanda si elle viendrait rejoindre les autres. Celle-ci répondit qu'elle était si lente qu'elle irait son

---

1   « Anger » dans le texte original.

2   « Dove » dans le texte original.

chemin jusqu'aux chiots pendant que Mary réunirait les autres animaux.

Elle vit la colombe qui accepta de venir et se posa sur son épaule droite. Toutes les deux rencontrèrent le hibou qui complimenta la colombe sur sa beauté. Tous trois partirent rencontrer le renard. Il était distant et hésitant, dit à Mary qu'il sentait qu'elle ne l'aimait pas autant qu'elle aimait le hibou et la colombe. Elle en fut attristée et complimenta le renard, lui disant qu'en fait elle l'appréciait. Tous partirent rencontrer les chiots. Quand ils arrivèrent la tortue était déjà là. Le hibou et la tortue s'entendirent très bien.

Lors de notre quatrième séance Marie était plus posée et bavarde qu'auparavant, parlant de sa famille, de ses vues sur sa profession et des idées qu'elle avait pour la rendre plus humaine. Nous fîmes une brève visualisation où elle allait voir ses animaux. C'est Paul la girafe (l'animal de sa base) qu'elle rencontra en premier. Il lui dit que les choses devraient être mieux organisées et que d'autres animaux devaient assumer une plus grande responsabilité envers les chiots. Tous les animaux étaient présents sauf le hibou (communication), qui apparut alors. La girafe suggérait que le hibou et la colombe (amour/compassion) pouvaient prendre une plus grande responsabilité dans le fait de nourrir les chiots (émotion/passion). Ils étaient tous deux d'accord pour le faire et Mary nota alors que le hibou se tenait plus dignement que lors de la séance précédente.

La tortue (pouvoir) dit à Mary qu'elle avait peur de moi. Je priais Mary de l'assurer que je ne lui demanderais pas de faire quoi que ce soit pour lequel elle ne serait pas prête, et que j'avais confiance, qu'elle évoluerait quand elle serait prête. Elle fut spontanément d'accord pour prendre la responsabilité de nettoyer le panier des chiots et commença immédiatement, le décorant même avec des fleurs qu'elle cueillait.

Le renard (intellect/intuition) était particulièrement fasciné par les chiots. Il y en avait un en particulier avec lequel il était très ami. Il accepta de surveiller les chiots pendant que la tortue nettoyait le panier. La girafe suggéra que le renard pourrait aussi laver les chiots en les léchant comme une maman chien. Il fut d'accord pour le faire. La colombe était plus encline à prendre soin des autres animaux que d'elle-même.

Mary remarqua que les yeux des chiots étaient maintenant ouverts. Elle leur demanda comment elle pouvait les aider à grandir et ils répondirent : « En nous rendant visite ! » Tous les animaux se réunirent alors autour d'eux et fredonnèrent ou chantèrent pour qu'ils s'endorment.

Au début de notre cinquième séance Mary me parla d'un rêve vivace qu'elle avait fait durant la semaine précédente. Elle rêvait qu'elle était endormie à la maison, lorsque quelque chose entrait qui n'avait rien à y faire. Elle ne savait pas ce que c'était et ne pouvait pas le voir, mais elle pouvait le sentir et le chassait de la maison. Le jour suivant le rêve, un autre événement curieux arriva : Mary commença à visualiser spontanément une réunion de ses animaux. Soudain deux cygnes arrivèrent, un blanc et un noir, offrant de construire une nouvelle maison pour les chiots s'ils étaient autorisés à rejoindre le groupe. Bien que le hibou accepte, aucun des autres animaux ne le fit, et ils traitaient les cygnes avec méfiance. Mary leur dit donc qu'ils ne seraient pas autorisés à joindre le groupe et qu'ils devaient partir. Alors qu'ils partaient ils se transformèrent en sortes de lézards à l'odeur putride. Mary me rapporta ce fait avec étonnement, sentant qu'elle avait bien fait de les rejeter. Je n'approfondis pas la question davantage.

Mary raconta un autre événement qui était arrivé depuis la dernière séance. Elle se tenait dans sa cuisine quand elle eut spontanément la visualisation suivante : la tortue commençait à grandir très rapidement et soudain explosa. Il y avait des bouts de carapace de tortue sur le sol et un éléphant se tenait à sa place. C'était son nouvel animal de pouvoir. Je demandais à Mary de rencontrer les animaux lors d'un Conseil et de leur demander de décider lequel d'entre eux avait le plus besoin de grandir maintenant. La colombe suggéra que c'était le renard qui en avait le plus besoin.

Le hibou demandait que le renard ne grandisse pas tout de suite pour qu'il puisse passer du temps avec les chiots, et la girafe trouva que c'était une bonne idée. Alors ils suggérèrent à la colombe d'être celle qui grandirait. Elle accepta.

Mary demanda à la colombe si elle savait quoi faire pour grandir et elle répondit qu'elle ne savait pas. Je lui demandais que les animaux forment un cercle avec au centre la colombe, et de demander à chaque animal de rayonner de tout son amour et de soutenir la colombe comme si un rayon de lumière émanait du cœur de chacun. La colombe se tenait au centre, absorbant la lumière, puis commença à tourner en cercle au-dessus d'eux, de plus en plus haut, jusqu'à disparaître à leur vue. Quelques moments plus tard un grand et noble aigle commença à descendre en cercle et se posa au milieu d'eux. Les animaux étaient étonnés, mais exprimèrent de la tristesse que la colombe soit partie. L'aigle répondit qu'il avait toutes les qualités de la colombe, avec beaucoup de force en plus, et qu'il serait capable de faire des choses qu'elle ne pouvait faire, comme attraper des lapins pour que les chiots les mangent.

Un des chiots demanda : « Quel goût ça a le lapin ? »

Mary riait.

Notre sixième séance avait lieu deux semaines après. Mary était déprimée. Elle avait rendu visite à ses parents et s'était trouvée entraînée dans un conflit avec sa mère. Elle se rendait compte que sa mère essayait encore de la traiter comme une enfant et devenait bouleversée et manipulatrice lorsque Mary affirmait son indépendance. Mary commençait aussi à se souvenir de sa peine et de sa solitude lors de ses longs séjours à l'hôpital quand elle était enfant.

En allant rencontrer ses animaux elle vit que les chiots avaient entièrement grandi et que les quatre étaient de races différentes : un basset, un berger allemand, un caniche, et un chien courant.

Tous les animaux allaient bien sauf le renard qui était absent. Il vint quand on l'appela mais ses poils étaient emmêlés et il était extrêmement maigre. Il était évident qu'il était mourant. Une voix dit à Mary que le renard devait mourir pour changer mais ne mourrait pas tant qu'elle ne l'y autoriserait pas. Très triste, elle accepta et ils le portèrent tous à sa grotte où il mourût. Ils pleurèrent tous, et particulièrement le basset qui avait été son meilleur ami. A la septième séance la semaine suivante je vis que Mary s'était coiffée différemment. Elle était positive, directe, assurée. Elle dit qu'elle s'était sentie très bien les derniers jours mais ne savait pas pourquoi.

Quand elle rendit visite aux animaux elle vit qu'un mouflon les avait rejoints à la place du renard. Il dit que lui et l'aigle vivaient très proche l'un de l'autre, et que lui et l'éléphant travailleraient très bien ensemble. L'éléphant était d'accord.

Je priais Mary de demander aux animaux quand serait venu le moment approprié pour rendre visite à la jeune fille à l'hôpital, pour voir comment guérir ses blessures. Le mouflon répondit dans une semaine ou deux. Les autres acquiescèrent. La huitième séance était programmée deux semaines après et Mary rapporta qu'elle s'était sentie très bien depuis notre dernière séance.

Lors de son voyage interne tous les animaux l'attendaient. Je la priai de leur demander si c'était bien le bon moment pour retourner dans le passé et guérir la petite fille à l'hôpital qui souffrait de brûlures sur les jambes. Ils répondirent tous positivement. Je suggérai que les animaux sauraient comment se rendre là-bas.

Quand ils arrivèrent à l'hôpital, Mary était choquée de voir comme la petite fille était jeune, et la décrivit comme ayant un regard très lointain.

La petite fille fut surprise de voir tous les animaux. Trois des chiots se faufilèrent immédiatement sous le drap. L'éléphant lui donna une poupée qu'il lui avait portée. L'aigle se posa à la tête du lit et le hibou au pied. Les chiots léchèrent ses jambes brûlées et puis la mirent sur pieds. Quand elle marcha entre eux elle grandit et devint plus forte.

Les chiens avaient guéri ses jambes, quand brusquement Jésus arriva pour guérir son esprit. Il la prit dans ses bras mais, très en colère, elle lui envoya des coups de pieds et de violents coups de poing. Il la porta calmement vers une piscine, la baigna, puis la rapporta aux animaux. La colère était maintenant partie.

Alors elle monta sur le dos de l'éléphant et retourna avec les animaux jusqu'au vallon où ils vivaient. Durant le chemin elle grandit et grandit encore, et juste avant d'arriver au vallon, elle et Mary se rejoignirent et ne firent qu'une. Tous les animaux se réjouirent. Il y avait un beau coucher de soleil.

Quand Mary sortit de la visualisation elle avait le teint rose et rayonnant. Elle dit qu'elle se sentait très bien.

Bien que notre neuvième séance soit prévue pour deux semaines après, Mary m'appela au bout de cinq jours car elle se sentait désespérée et triste. Elle dit qu'elle sentait que cela devait avoir un lien avec sa relation à sa mère.

Je lui dis de venir immédiatement et nous entamèrent une visualisation pour rencontrer ses animaux. Elle les trouva dans un grand champ ouvert ce qui était inhabituel car ils s'étaient toujours rencontrés dans le vallon. Le caniche l'informa qu'il allait y avoir beaucoup d'émotion douloureuse. Quand elle en demanda l'origine la girafe lui dit que cela concernait un conflit entre acceptation et rejet.

Quand elle demanda comment s'y prendre on lui répondit que cela devait être vécu maintenant parce qu'elle n'y avait pas fait face quand c'était arrivé, et qu'elle devait maintenant l'accepter comme une étape vitale de son développement. On lui dit aussi que cela ne se présenterait pas maintenant si elle n'était pas prête à l'affronter. Je demandai qu'elle s'enquière pour savoir si nous devions alors faire un travail spécifique à ce propos. Les animaux lui conseillèrent seulement de rester en contact rapproché avec eux et de faire face à ce qui se présenterait, mais pour eux il n'était pas nécessaire de faire maintenant quelque chose de spécifique.

Mary m'appela un soir cinq jours plus tard. Elle dit qu'elle avait traversé un intense accès de solitude et de désespoir. Je lui demandais d'en parler à ses animaux et de me rappeler.

Elle appela vingt minutes plus tard et dit qu'ils lui avaient rappelé un moment pendant ses années de lycée où ses parents et elle avaient déménagé pour une petite ville. Les étudiants de ce lycée avaient l'esprit de clan et avaient rejeté Mary. Elle en était très blessée et devint très solitaire, s'échappant dans les livres et ne faisant pas face à la douleur. Un second événement avait à voir avec un parent proche qui l'avait brusquement rejetée sans raison connue. Mary acceptait maintenant l'angoisse et la solitude générées dans ces deux situations.

Je vis Mary pour la dernière fois quatre jours plus tard. Elle était rayonnante, ragaillardie. Elle me dit qu'elle avait conduit longtemps pour venir et avait vu beaucoup de choses pour la première fois, même si elle avait pris cette route plusieurs fois auparavant.

Il y avait une vivacité et une vibration autour d'elle que je n'avais jamais vues auparavant. Je dis spontanément que c'était sans doute la dernière fois qu'elle avait à me voir, et elle répondit que ses animaux lui avaient déjà dit la même chose.

Elle dit que désormais chaque animal était dans son nouvel environnement, et que bien qu'ils restent très proches, ils vivaient maintenant chacun sur son territoire. Elle sentait qu'elle fermait une porte sur une partie de sa vie et qu'un horizon nouveau se présentait. Elle dit qu'elle sentait combien tout avait été rassemblé un moment, puis était tombé en morceaux, et maintenant rassemblé à nouveau. Elle savait dans quelle direction aller et c'était bon, même si elle n'en connaissait pas les détails spécifiques.

Je lui demandais de remercier ses animaux pour moi et elle me rapporta que Hooty, son animal de communication, voulait que je sache que même s'il avait été lent, il avait grandi, pour évoluer d'une caricature à un hibou d'un mètre de haut maintenant vivant.

REFLEXIONS

Je souhaite livrer ici mes réflexions à propos de ce cas particulier, et bien que mon point de vue soit métaphorique, on ne doit pas oublier que chaque patient a aussi une compréhension très personnelle des animaux. De plus nous devons garder à l'esprit que même si l'imagerie ouvre à une compréhension métaphorique et à une interprétation, elle est bien plus que cela. Chaque animal est vivant. Chaque animal vit le présent. Chaque animal est la représentation d'une qualité fonctionnant plus en profondeur, qui elle-même est liée aux autres qualités et à l'image de l'individu lui-même. Chaque animal est aussi un moyen d'accroitre l'évolution, c'est-à-dire de s'accorder de mieux en mieux avec ces éléments plus profonds.

L'animal peut aussi être un facteur empêchant la croissance, et cela arrive quand il y a une dégradation de la relation entre l'individu et l'animal. C'est pour cela qu'il est nécessaire de contrôler précisément la relation au tout-début de la thérapie, et d'insister pour que l'individu apprenne le respect pour les animaux. Ce n'est rien de plus que de lui demander de commencer à se respecter lui-même. Sinon cela perpétue la dissociation et le manque d'unité. Cela ne veut pas dire que l'individu doive obéir aux animaux, car dans certains cas ils peuvent avoir un intérêt trop personnel lors de la rencontre initiale ; raison de plus pour que les individus aient un contact avec le Conseil des animaux dès que possible, afin que l'on puisse immédiatement repérer et travailler avec ces animaux détracteurs de l'unité. Ce mouvement étant fréquemment initié par les autres animaux.

Quand je parle de « l'individu », comme dans le paragraphe précédent, je fais allusion à une identité individuelle, mais l'identité n'est qu'une part de la totalité de l'individu, car évidemment il (ou elle) est aussi finalement les animaux, ces fonctions dont les animaux sont une apparence, aussi bien que les relations entre ces fonctions, et ainsi de suite. Mais « l'individu » ne reconnait pas ce moi plus vaste et plus profond ; et le maintien d'une identité séparée - voire dans de nombreux cas opposée -, à cette existence plus grande, est le cœur du problème.

La première image de Mary, la croissance de la graine, indique une connexion sensible et tendre (et peut-être ténue) aux sources de son développement. Il est bon que les racines filiformes aillent en profondeur. Et l'énergie disponible pour l'évolution est riche. La graine est forte, peut-être un peu épaisse, ou dense, et protectrice. La fleur indique sensibilité et équilibre, et l'évolution sera totale si elle s'y autorise plutôt que d'essayer d'en décider, et si elle veut bien procurer ce qui est nécessaire pour cette évolution.

L'intellect (le renard) s'est caché loin des tentatives de le contenir ou de le forcer à entrer dans certains moules. Il en garde une certaine colère. Et apparemment il est aussi devenu plus rusé. On peut imaginer Mary apprenant à donner à ses professeurs ce qu'ils attendent, s'adaptant pour répondre aux questions de tests plutôt que de permettre à son intellect de croître dans ses dimensions propres ; et cachant alors le noyau de ses pensées, personnelles, uniques et parfois contestataires. Une situation qui peut aussi être celle de nombreux étudiants.

Ceci est d'ailleurs mis en évidence plus loin : elle a apparemment donné plus d'attention à ses mots qu'à leur contenu (la caricature du hibou), et sa communication est une pauvre représentation plutôt que quelque chose de vraiment vivant. Et son intellect en est attristé.

Que son cœur soit une colombe indique qu'elle est un être pacifique plutôt qu'un agitateur ; sa déclaration initiale (elle doit savoir qu'elle n'est comme personne d'autre, qu'elle est un individu et doit accepter ce fait) nous dit qu'elle a sans doute agi ainsi pour essayer de s'adapter à un moule plutôt que d'accepter sa singularité. Sa puissance (la tortue) est lourdement protégée ou défendue et Mary est lente à l'utiliser. La tortue exprime une grande peur de moi, je la rassure donc et lui fais savoir que je lui fais confiance et ne vais pas intervenir contre elle, car elle doit savoir que je la respecte dans son processus évolutif. Elle informe aussi Mary qu'elle doit être plus attentive au détail et ne pas se perdre dans ses occupations ; ce type d'activité a en effet sans doute été un de ses plus grands moyens d'éviter les choses qu'elle devait affronter ou gérer.

Sa puissance est aussi étroitement liée à sa communication. Mais l'endroit principal où sa croissance doit s'accomplir et est en fait naissante, ce sont ses émotions (les chiots). C'est le développement de cet élément qui devient un processus, une voie par laquelle l'intégration de tous ses composants se produit. Quand nous rencontrons Mary pour la première fois, ses émotions ne sont sans doute rien de plus qu'une introjection des émotions de sa mère, ou des émotions attendues par sa mère (c'est-à-dire la mère chien). Mais très vite cela commence à se différencier, à entrer dans un magnifique processus d'individuation émotionnelle, stimulé par un soin et un amour porté à son moi émotionnel.

Sa base/sécurité est très stable (les jambes de la girafe tournées vers l'extérieur) et voit loin (son long cou). Elle assume tout de suite un rôle de leader (elle est la première à venir à sa rencontre à la quatrième séance) et c'est aussi l'élément qui initie l'intégration et assume la responsabilité de veiller à ce qu'on élève et prenne correctement soin des émotions. L'amour et la communication de Mary sont chargés de soutenir et nourrir les émotions. Sa puissance assume la responsabilité de la propreté (clarté, intégrité) et de la fraîcheur de ses émotions (dans leur expression), et l'intellect, en expérimentant une relation avec l'une d'entre elles, accepte d'en avoir conscience et d'en prendre soin, de les nettoyer. Ainsi toutes ses capacités entrent en relation avec ses émotions, ce qui soutient et favorise une saine évolution. A travers ses émotions, les autres qualités développent aussi des relations avec chacune, dans un objectif commun et coopératif.

Le rêve curieux et la visualisation spontanée qui ont lieu entre la quatrième et la cinquième séance nécessitent quelques commentaires. Mary est dans sa maison (dans son existence), endormie (inconsciente) et quelque chose entre, qui n'a rien à y faire (une introjection). Elle ne peut ni l'identifier ni l'exprimer, mais elle le reconnait par une impression et immédiatement entre en action et le chasse hors de la maison. Que le rêve soit vivace indique son importance dans sa vie. Son mode de reconnaissance et d'action atteint alors un niveau intuitif. Il n'y a pas d'hésitation mais juste une profonde confiance en sa conscience et en la justesse de son action.

Si nous tenons son rêve pour une représentation de la visualisation spontanée qu'elle rapporte ensuite, la correspondance est aisée, et c'est comme si le même événement se jouait à un niveau différent. Mary est avec ses animaux quand quelque chose d'étranger arrive : les deux cygnes. Le fait que les cygnes soient noir et blanc m'indique immédiatement qu'ils appartiennent probablement au niveau de la polarité linguistique, c'est-à-dire la tendance du langage à classer les objets et les événements en catégories opposées. Ceci est fréquemment marqué aux niveaux de l'intellect et de la communication, mais aussi à d'autres niveaux, par des animaux noir et blanc : des zèbres, des moufettes, etc. Mon interprétation trouve plus loin une justification, de par le fait que le hibou, l'animal de communication, les accepte. Que les cygnes veuillent construire une maison pour les chiots indique que leur souci est la création d'une structure conceptuelle où les émotions soient contenues.

Bien sûr c'est l'une des singeries qui nous est imposée du fait d'être des animaux sociaux et doués de parole: nous apprenons à la maison et plus encore à l'école que la voie principale pour fonctionner est de subordonner l'expérience, et en particulier l'expérience émotionnelle, à la verbalisation, ou à la conceptualisation. On nous apprend à ne pas accepter notre expérience comme valide tant que nous n'avons pu la décrire ou l'expliquer. Voilà sans doute un des apports sociaux qui est le plus ravageur pour notre intégrité individuelle. C'est exactement cette philosophie circonvenue que Thorndike exprimait quand il affirmait que tout ce qui existe peut être mesuré : la réduction ou la traduction de toute expérience en concepts, comme si la conceptualisation était la base, plus que l'expérience ; la description statique d'un processus dynamique. En thérapie, on entend souvent les gens vouloir « comprendre » leurs émotions, ou « savoir ce qu'elles veulent dire ». Ils assument une identité basée sur des idées ou des concepts, et sur « ce que les gens peuvent penser d'eux », plutôt que de vivre avec passion leurs émotions en mouvement.

Le fait qu'aucun des autres animaux n'accepte les deux cygnes indique qu'ils n'ont rien à faire là, c'est-à-dire qu'ils sont trop conceptuels et polarisants pour exister dans une dimension fluide et vivante ; et Mary a assez pris confiance en ses animaux pour agir et rejeter ces intrus. Quand ils partent ils se transforment en créatures reptiliennes. Dans mon expérience de ce travail, l'aspect de lézards, d'alligators ou de crocodiles, et sans doute de reptiles en général, indique à ce niveau un point de défense plus primitif, ou territorial. A la réflexion nous pouvons peut-être voir les cygnes régresser dans leur évolution, retourner à une défense plus primitive (c'est à dire rejet ou acceptation) qui est la base d'une territorialité, et peut-être aussi le noyau de la différenciation conceptuelle. De là on pourrait penser dans plusieurs directions, incluant une couche sale de bébé parmi les premières occasions engendrant le rejet social, et le fait que l'odorat ait été dans l'évolution le premier sens à être développé.

On peut aussi poser la question hypothétique de ce qui serait arrivé si les deux cygnes avaient été autorisés à rester. Ma conjecture est que Mary aurait essayé d'expliquer ou de représenter ses émotions naissantes avec la trame d'un paradigme socialement acceptable, aurait ensuite expérimenté certaines de ses émotions s'opposant avec certaines contraintes conceptuelles, et aurait barré, limité ou entravé ses sentiments naissants, plutôt que de les laisser grandir jusqu'à leur plénitude en relation au reste de son être.

Je pense aussi que le rêve et la visualisation spontanée -et donc sa conscience, sa perception et son action- sont étroitement corrélées à l'évolution rapide de sa puissance, - la croissance explosive de sa tortue -, comme si la défense n'était plus son souci premier. Elle veut désormais sentir ses perceptions et son être profond, pour agir dessus.

A la cinquième séance son cœur (colombe) indique que son intellect (renard) a besoin de grandir, mais ses systèmes de communication (hibou) et de la base (girafe) sentent que cela ne doit pas arriver sans qu'il y ait un peu plus de développement émotionnel (jusqu'à ce que les chiots soient un peu plus grands), et que c'est le moment pour son cœur de grandir. Son cœur grandit en force et en taille, passant d'une créature pacifique (en gardant ses qualités) à une créature pouvant activement nourrir ses émotions émergentes (un aigle). Et cela peut ensuite impliquer que Mary affronte et intègre sa timidité et sa peur (les lapins).

Lors de la sixième séance nous voyons que la croissance de Mary entre en conflit avec des représentations parentales qui voudraient la subordonner à leur point de vue. Ce n'est pas vraiment surprenant car la plupart des gens, surtout dans notre société, sont émotionnellement restés au niveau d'enfants. Nos moyens sociaux sont adaptés à l'éducation et à la maturation de l'intellect, mais moins à l'évolution et la pleine croissance des émotions. Et le contrôle, surtout le contrôle verbal, est certainement la fixation première chez la plupart des gens. Nous voyons la mère de Mary, qui ressent sans doute à ce moment la force de Mary à devenir elle-même, pousser les limites de son propre pouvoir pour continuer à dominer Mary ; mais faisant cela, elle refuse de laisser la croissance de sa fille aller au-delà de ses limites actuelles.

A ce moment-là nous voyons que le développement des émotions de Mary, et leur individuation et différentiation, est quasi complet. Il est maintenant temps pour son intellect de grandir. Or elle en est arrivée à apprécier son intellect et ses instincts de survie, elle est chaleureuse et s'inquiète pour lui. Il y a aussi une tristesse à le laisser changer. Elle est informée qu'elle a la capacité de s'opposer à sa croissance et à son évolution. Sa relation à son propre développement doit être de lâcher prise activement.

Nous avons habituellement une grande incompréhension du fait de lâcher prise, comme si c'était un événement passif. Et ici avec Mary nous voyons la relation entre s'agripper et lâcher prise, entre geler son développement ou avoir confiance en son évolution. Nous voyons l'importance vitale de l'attitude dans laquelle nous nous assumons. Il était très beau d'être le témoin de Mary assumant activement la responsabilité de voir son intellect évoluer et acceptant les émotions qui venaient avec ce changement.

Lors de la septième séance nous voyons l'apparition de son nouvel intellect, le mouflon : le pied sûr, équilibré, agile, capable d'escalader des hauteurs ou des pics, plutôt que de rester dans son attitude antérieure où il se cachait dans sa grotte. Maintenant il est capable de s'exposer, ainsi que de bouger rapidement. C'est un intellect qui est aussi très proche de son cœur et qui peut travailler en coordination avec sa puissance. Nous pouvons ressentir une nouvelle étape dans l'intégration de ses composants, qui s'exprime dans son apparence et sa maîtrise d'elle-même, et elle se sent bien dans cette nouvelle manière d'être.

La huitième séance présente quelque chose que j'entreprends quand c'est nécessaire : amener les animaux ensemble dans la guérison d'un traumatisme précoce. Il est toujours fascinant de regarder les animaux prendre spontanément en charge le soin, savoir exactement où et comment la guérison doit advenir. Et nous pouvons voir ici la complexité de ce traumatisme. En plus de la blessure physique des jambes, il y a aussi le traumatisme émotionnel de l'isolement et de l'impuissance, celui d'être petit dans un monde dominé par les adultes, et celui d'être en colère contre son sort spirituel. L'apparition spontanée de Jésus est intéressante, indiquant peut-être qu'enfant blessée elle avait injurié Dieu, ou rejeté une consolation spirituelle, une action qui nécessitait elle-même d'être traitée. La croissance de la fillette après la guérison, et la réunion avec Mary, indiquent que la guérison est réussie. Et qu'il reste ou non quelque problème physique, les dimensions psychologique, spirituelle et émotionnelle ont mûri au point d'être maintenant compatibles avec le développement chronologique de Mary.

L'événement suivant, l'appel téléphonique de Mary, est significatif de différentes façons. D'abord il indique qu'elle était attentive à ses mouvements internes, à l'écoute et en confiance, même si elle ne comprenait pas. Ensuite il indique qu'elle me faisait suffisamment confiance pour m'appeler à un moment inhabituel, pour demander de l'aide.

Pendant la séance suivante, le fait que les animaux se rencontrent dans un lieu nouveau (un champ ouvert) est significatif. La réunion des animaux dans un lieu nouveau présage habituellement de nouvelles dynamiques, ou un recentrage de l'individu. De plus, les déclarations des animaux semblent indiquer qu'ils ont une bonne vue d'ensemble de la situation, qu'ils sont capables d'anticiper les processus à venir dans le développement de Mary. Le caniche, un des ses animaux d'émotion, lui dit qu'il va y avoir beaucoup de douleur émotionnelle. La girafe lui dit que cela concerne un conflit entre l'acceptation et le rejet, nous comprenons que l'animal de la base est habitué à l'acceptation et au rejet, ou encore que ces éléments jouent un rôle vital dans le développement de son sentiment de sécurité.

De plus, nous apprenons que les expériences doivent être traversées, (quelque chose d'évocateur, pour moi, de The First and Last Freedom de Jeddu Krishnamurti) si notre évolution doit continuer ; que les expériences qui n'ont pas été « vécues à travers » se présentent ou se re-présentent d'elles-mêmes à nous, quand nous sommes prêts à cette étape dans notre développement.

La manière dont moi, le thérapeute, je fais confiance aux animaux tant en ce qui concerne le contenu que l'avancement de la thérapie, apparaît clairement dans cette séance. Si j'avais suivi une autre orientation théorique à ce moment-là, par exemple la Gestalt Thérapie[1], j'aurais sans aucun doute tenté de travailler avec ses sentiments de tristesse et de désespoir. Suivre la guidance des animaux parait plus précis et plus naturel, comme si elle et moi étions guidés depuis une dimension qui connait plus spécifiquement ce qui doit advenir dans son évolution, ce qui dans ce cas impliquait précisément de ne rien faire alors. En fait le thérapeute n'est en fin de compte pas indispensable quand il est question de l'évolution de Mary. Je suis essentiellement un vecteur : au départ dépendante d'un autre dans la reconnaissance de son évolution, je l'amène à une indépendance ; elle peut alors se faire confiance et autoriser le côté unique de son être à évoluer à son propre rythme et dans ses propres dimensions, avec la participation de sa propre conscience.

Son appel téléphonique suivant est aussi une bonne illustration de ma relation avec elle. Elle n'a aucun besoin de conseil téléphonique. Quiconque a déjà essayé connait la frustration et les limitations qui s'ensuivent. Je l'ai plutôt mise en contact avec

---

1   Psychothérapie qui vise à la résolution des troubles émotionnels et comportementaux par un travail sur les processus psychologiques et corporels de l'individu.

son propre processus évolutif, une dimension en qui nous avions tous deux alors appris à avoir confiance. Et c'est aussi un condensé de la façon dont je travaille en séance de thérapie. Par exemple, si le patient me dit comment il se sent face à un animal en particulier, je lui demande de le répéter à cet animal. Je ne suis pas là pour qu'il développe une relation avec moi, même si je prends soin de lui et suis profondément ému par sa croissance. Ma tâche est de l'aider à développer une relation particulière à lui-même, qui nourrisse et soutienne sa croissance et son évolution. Sa relation à moi ou ma relation à lui est très secondaire. Et il est bon pour Mary de reconnaitre que sa relation avec ses animaux lui est propre, et que le développement de sa relation à eux peut se faire sans moi.

En bref, je suis superflu à ce moment. A notre dernière séance, j'ai senti l'énergie de Mary dès qu'elle est entrée dans la pièce. Elle irradiait une plénitude palpable et positive. En travaillant avec d'autres j'avais ressenti une énergie radieuse similaire lors de moments où une intégration significative se produisait. Il y avait une ouverture pétillante et vivante dans sa description des endroits qu'elle avait traversés. Notre interaction était spontanée et dans le présent. Nos premiers mots furent significatifs concernant la question de la fin d'une thérapie : elle prend fin quand les animaux le disent. Et la thérapie prend fin aussi quand les animaux sont à leur plein développement. Le dernier animal à grandir était le hibou, son animal de communication ; la difficulté à communiquer était ce qui l'avait amenée jusqu'à moi. Possédant toujours sa sagesse naturelle, le hibou avait grandi vers une grande et magnifique vivacité.

Sa description d'elle-même me fit penser à la description de voyages de chamanes : à travers le démembrement jusqu'à la reconstitution d'un nouvel être. Même si nos descriptions et compréhension des chamanes sont rudimentaires, il est connu qu'en certains cas ils ont jusqu'à sept animaux alliés (Eliade, 1964). Lors de cette séance elle me donna aussi la permission d'écrire à son sujet comme je l'ai fait.

J'ai revu Mary environ un an plus tard. Elle venait de quitter son travail et prenait le temps d'explorer de nouvelles voies. Sa famille et ses amis étaient horrifiés de la voir quitter « un travail parfait » sans raison évidente et sans autre emploi immédiat. Leurs réactions inquiétèrent Mary, et elle se questionna pour savoir si elle avait fait le bon choix. Tous ses animaux s'accordèrent pour dire qu'elle avait fait le bon choix, aussi elle cessa de douter du bien fondé de ses actions. Mary était aussi devenue membre d'une confession religieuse et écrivait de la musique.

Parlant de ses animaux elle me dit que l'un des chiots avait donné naissance à une portée de trois, indiquant une croissance continue et encore plus de différentiation de ses émotions. Elle me dit aussi qu'un nouvel animal, un faucon, était spontanément apparu, et qu'il semblait appartenir au groupe même s'il se tenait à distance des autres. Je le considérai comme son animal spirituel, un animal que je n'avais pas inclus spécifiquement parmi les animaux quand j'avais commencé à travailler avec elle.

Je tiens à souligner encore une fois que même si je vous ai livré mes pensés sur cette thérapie, de façon à approfondir votre vue des dynamiques à l'œuvre, je ne considère pas approprié de faire ces interprétations au patient. En fait, les patients préoccupés par la signification du travail avancent plus lentement que ceux qui s'engagent plus ouvertement dans l'interaction avec les animaux. Rester préoccupé d'intellectualiser est un aspect de notre maladie en ce sens que cela nous éloigne d'être entier, dans la globalité de tout notre être. L'intellect est juste une des fenêtres disponibles pour voir la réalité. Les fenêtres de l'imagerie et des sentiments ne sont pas moins importantes. L'exploration de cette orientation est le sujet de mon prochain livre, *Animals of the Four Windows* (Animaux des quatre fenêtres, (Moon Bear Press, 1990).

L'ANIMAL CORONAL

Pendant la première année suivant la découverte du Totem Personnel j'ai travaillé uniquement avec les centres correspondant aux six premiers chakras. Classiquement le premier chakra est situé à la base de la colonne vertébrale ; mais comme je travaillais dans une petite communauté conservatrice la bienséance requérait que dans mon travail le patient se concentre simultanément sur les sensations situées dans son pelvis, ses jambes et ses pieds. Auparavant j'avais essayé en utilisant soit le pelvis soit la base de la colonne vertébrale et n'avait trouvé aucune différence essentielle. L'animal qui émane de cette zone est l'animal de la base, et sa fonction psychologique est la relation de chacun à la terre ainsi que le sentiment de sécurité, la base sur laquelle on se tient debout.

Le second chakra est situé dans le ventre et est relié aux émotions et aux passions. Le troisième est dans le plexus solaire et correspond à la puissance, au pouvoir d'agir clairement, de manière décisive et efficace. Le quatrième est dans le cœur et relié à l'amour et à la compassion. Le cinquième est dans la gorge et correspond à la communication, et le sixième est dans le front et concerne l'intellect et l'intuition. Il y a aussi un septième chakra, le chakra coronal, situé tout en haut de la tête. Il était curieusement absent dans le totem que ma patiente observa initialement au tournant de son chemin. Le chakra coronal concerne la relation de chacun avec son esprit, et je ne fis aucun essai pour explorer son rôle dynamique pendant cette première année.

Puis lors de l'été 1983 je fus contacté par Bill, un jeune professionnel qui était spécifiquement intéressé pour suivre le Processus de Totem Personnel. Jeune trentenaire, il avait des difficultés avec sa femme et ses enfants ; il cherchait toujours la petite bête et était très critique à leur égard. Intelligent et clair dans ses propos, maigre et véhément, il avait récemment perdu ses deux parents dans un accident de voiture.

Pendant notre première séance, pendant que je le guidais dans le processus, l'animal qui sortit de son front fut une moufette, qui lui dit : « Je suis très belle. Je vais et je viens et je vis ma vie. Si quelqu'un me fait de la peine, si quelqu'un essaie de me blesser, je le laisse. » Quand je priai Bill de demander à la moufette si elle avait besoin de quelque chose, elle répondit : « Respecte la place dont j'ai besoin pour vivre ma vie. »

L'animal de la gorge de Bill était un ours. Il le décrivit de la manière suivante : « Il est féroce. Il est grand… Je ne sais pas si c'est un grizzly ou juste un ours brun. A son tour, il s'en va et songe à ses occupations à lui. » Quand il demanda à l'ours s'il avait quelque chose à lui dire, l'ours dit : « Je pourrais te détruire ! » Cela effraya et attrista Bill à la fois. L'ours continua : «Tu ne me vois pas tel que je suis. Regarde. Tu te souviens de ce que tu as vu la première fois ? Je m'en vais mon chemin, je mange. Respecte l'espace dont j'ai besoin pour me nourrir. » Bill dit à l'ours qu'il ne pénètrerait pas dans son espace. Puis il me dit, « L'ours me dit qu'il me fera savoir si je le fais, et c'est la férocité que je sentirai si je fais cela. »

Quand je demandai à Bill de se concentrer sur son cœur et de permettre à un animal d'apparaître, il dit, « Ce qui me vient est un colibri, un colibri bleuté avec un plastron rose-rouge. J'ai l'image qu'il a un papillon dans le bec. Il y a quelque chose de laid là-dedans. Il me dit : «Tu vois comme ça me met dans tous mes états, de détruire de belles choses, de toujours voler comme un fou ? J'ai besoin de repos. J'ai besoin de me percher quelque part.» Le battement des ailes n'est pas régulier. Il a quelque chose d'un peu fou.

Il dit : «J'ai besoin de toi pour que tu me lâches comme ça je pourrais aller mon chemin et tu seras comme toi-même. Car tu n'es pas comme moi et je ne suis pas comme toi. Parce que tu me fais voler comme un fou et faire des choses contraires à ma nature.» Ce que je pense est que je ne sais pas à quoi ressemble mon cœur. Il continue de parler : «Bien, sois qui tu es.» Il me dit : «Tu n'es pas comme moi.» On dirait une contrefaçon.

Il y a quelque chose de désespéré concernant ce colibri. Je l'ai vraiment abimé. Comme ces oiseaux de mer qui ont du pétrole sur les ailes. Il est en train de me dire qu'il n'est pas la vraie image. Ce n'est pas le vrai animal. C'est un peu comme : «Eh bien, tu ne sauras pas maintenant. Je servirai d'exemple de ce que tu n'es pas.» »

Quand je suggérai que Bill demande au colibri s'il voudrait participer comme membre au Conseil des animaux, il répondit : « Il est fâché. C'est comme s'il avait un intérêt personnel à participer au Conseil, comme moyen de se libérer de moi. »

Je demandais à Bill de pointer sa conscience sur son plexus solaire et d'autoriser un animal à apparaître. Il dit : « C'est une jungle. C'est comme une peinture de Rousseau : beaucoup de bêtes ; beaucoup de puissantes bêtes sauvages : gorilles, lions… une souris. Des images de puissances et de forces sombres. On dirait que le gorille… a du pouvoir ici. Il me dit quelque chose comme: «Je suis le symbole que tu peux le plus aisément comprendre de cette part de toi-même.» Il dit : «Tu as peur de ta propre force. Et tu me transformes en souris. Et que tu me voies en gorille montre à quel point tu as peur de moi.» Je lui dis : «J'ai peur de toi. Je te transforme en souris. J'ai bien peur que tu puisses me détruire toi aussi.» Et il me dit : «Si tu ne fais rien pour moi, je le ferai.» Il dit : «Je suis un animal sauvage en rage. Et ce que tu dois faire est de voir le chemin, pour que mon énergie sauvage et diffuse soit canalisée. Sinon je serai si frustré que je te mettrai en pièce membre par membre.» Il me dit : «Comment oses-tu nous traiter ainsi !!» Et il parle pour les animaux au loin : «Comment peux-tu nous faire ça ?» Je me sens vraiment triste, comme si j'étais … comme si je les avais trompés. Il me dit : «Tu ferais mieux de faire attention à nous maintenant. Nous pouvons te dire tout ce que tu dois savoir, mais tu devrais faire attention ou nous te tuerons.»

« Il a l'air très ferme, très fâché, et très aimant. Il me tuerait s'il devait. Pour permettre à quelque chose d'autre de continuer. Pour que sa propre énergie ne soit pas détruite. Il est vraiment fort. D'une certaine façon on dirait le chef, le porte-parole, pour les autres dans le lointain. »

En autorisant un animal à sortir de son ventre, Bill dit : « Un cochon, voilà ce que je vois tout d'abord ; il s'excuse. Il dit : «Je suis incompris. Et vous humains jetez toutes vos pires et plus basses opinions sur moi. Tout ce que je fais est de vivre ma vie. Et toutes les sortes de nourriture sont acceptables pour moi. Mais vous me voyez comme négligé et me roulant dans les déchets. Et pourtant je ne fais que vivre ma vie. Ce qui n'arrête pas c'est que c'est toi qui te roules dans les déchets. La laideur c'est toi. «»

Bill continuait : « Je veux savoir comment il vit. Je veux savoir comment ça va dans sa vie. Quelle est la différence, et pourquoi sommes-nous les mêmes ? Le cochon dit : «J'accepte ce qui me vient pour vivre. Et je peux accepter plus que tu ne peux.» Ça me rend très triste. Je ne me sens pas en paix. Et le cochon est si visiblement paisible. Et il me dit : «Tu vois des déchets, et du négligé, et de la laideur. Moi je vois de la nourriture, et de la vie. Tu ne me vois pas tel que je suis. Tout ce que tu vois est ta laideur que tu projettes sur moi. Regarde-moi.»

« Le cochon est si propre. Il est impeccable. Et je continue à projeter sur lui une laideur boueuse, sale. Il me dit «Tout ce qui est ici est de la nourriture pour t'aider à grandir.» »

Je suggérais que Bill demande au cochon s'il avait besoin de quelque chose. « «Non, je peux tout accepter», dit-il: «Tout ce qui m'est présenté, je peux l'accepter. Ce dont j'ai besoin de ta part,» dit-il: «ce que j'aimerais de toi, mais je n'en ai pas besoin, ce que j'aimerais de toi, et pour toi, serait que tu me voies tel que je suis. Si tu me vois tel que je suis, tu te libères.» Je lui demande d'être au Conseil. On dirait qu'il viendra, mais pour écouter. Il est réceptif, on dirait. Et il accepte. Et je pense qu'il peut m'apprendre des choses de cette façon-là. »

Quand je lui demandai de pointer sa conscience sur son pelvis, ses jambes et ses pieds, et de permettre à un animal d'apparaître de cette zone, il dit : « La première chose qui m'est arrivée, la seule chose, mais je sens beaucoup de résistance à son sujet, c'est une chenille. Elle est juste en train de remuer. Elle remue comme un pénis. Elle dit: «Tu ne sais pas quoi faire avec moi, et tu ne sais pas quoi faire envers moi». Ouais. Comme si, tout ce que j'ai c'est des moyens dépassés. Elle dit: «Lâche le passé». Je pense que je le fais. Elle dit: «Je ne peux pas aider mais lâche le passé», à propos d'elle-même. Elle dit que ce n'est pas dans sa nature de s'accrocher au passé. Elle ne fait qu'aller de l'avant. Mais je peux… je peux la combattre. Elle me demande juste de la regarder, au fil du temps, et d'être avec elle. Me laisser aller en moi-même pour voir ce qui se fait de soi-même. «Ne sois pas ce que tu n'es pas», voilà ce qu'elle me dit.

Et alors j'étais plutôt préoccupé pour Bill et son évident manque de relation avec ses animaux. L'apparente férocité et la destructivité potentielle de l'ours et du gorille, l'aspect frénétique et fâché du colibri, la tendance de la moufette à attaquer quand elle était provoquée, la perception apparemment distordue du cochon, et le fait d'avoir une chenille comme animal de base, tout m'inquiétait.

Je sentais un besoin désespéré de trouver quelque chose de plus positif, un aspect de l'être profond de Bill avec lequel il aurait une relation plus positive, aussi je décidai d'essayer d'accéder à son animal coronal. Je demandais à Bill de permettre à un animal d'apparaître immédiatement au-dessus de sa tête.

« Ce qui vient tout de suite est une licorne. Elle est belle. Elle est éblouissante, blanche et brillante. Et sa corne est toute droite. Elle dit : «Tu n'as pas idée de combien je suis belle.» Et elle dit cela sans ego. Elle le dit avec joie et amour. Un peu comme: «Tu as quelque chose en magasin pour toi ! Si tu montes sur moi, je te mènerai à Dieu.» »

Je suggérais que Bill lui demande s'il pouvait le faire maintenant. « Elle dit que ce n'est pas le moment. Ce qu'elle dit c'est: «Tu as besoin de te purifier. Tu dois être prêt. Il faut que tu lâches certaines choses. Tu dois être nu. Et quand tu seras prêt, nous partirons.» C'est tout simplement géant ! »

« Elle dit: «Fais-le, s'il te plaît. Prépare-toi.» C'est si beau ! Vous n'avez pas idée ! Là je suis vraiment attiré. Je veux le faire. Je ferai ce que je devrai faire pour être avec elle, pour partir. »

Je suggérai que Bill demande à la licorne si elle voudrait venir avec lui rassembler les animaux pour un Conseil. Il répondit : « Elle hésite. »

Je suggérai alors de demander s'il devait les rassembler et les amener vers la licorne. Il répondit : « Voilà ce qu'il faut, je les lui amène et les place en cercle autour d'elle. Je vais faire ça. Voilà la moufette. La moufette commence à grimper. Elle est si belle. Et l'ours marche pesamment. Il connaît le chemin.

Le colibri vole vers le haut. Le gorille est si grand. Il est si incroyablement puissant. Il se déplace comme Tarzan, d'arbre en arbre et il se balance pour venir. Le cochon a une espèce de sourire et marche lentement vers le cercle. Et la chenille, elle avait déjà commencé, elle rampe en haut d'une branche. Elle passe, elle s'étend à travers l'espace… La licorne, ses jambes commencent à bouger. C'est comme si elle touchait à peine terre parce qu'elle a tant d'énergie ascendante. Et elle est bien au centre. Presque comme une des Tapisseries du cloître à New York, celle de la licorne avec une barrière autour[1]. Sauf qu'à la place de la barrière, il y a tous les animaux. Il y a la moufette, l'ours. Le colibri bouge toujours, il ne se repose pas. Et le gorille, si monstrueux et au regard sévère. Et le cochon est étendu là, il regarde, il respire. La chenille… juste là, elle regarde. »

Je demandais à Bill de les remercier d'être venus ensemble, de leur faire une déclaration concernant son engagement à grandir, et de demander leur soutien et leur participation. « Ils sont méfiants. Ils ne sont pas méfiants, ils sont sceptiques. Et maintenant ils disent: «Nous avons tout ce dont nous avons besoin.» Il y a beaucoup d'humanité. Comme une sorte… de fraternité. »

Je suggérai que Bill demande s'ils voulaient se consulter les uns les autres pour voir ce que serait leur première demande. « Je les vois incliner la tête. Et ils s'en vont. Comme s'ils se réunissaient plus loin… ils brisent le cercle et s'en vont et tout ce que je vois ce sont des têtes et des trains arrières, et ils parlent entre eux. Moi je les regarde à environ cinq mètres de distance. Ils se rapprochent. Je pense qu'ils disent tous: «Il n'a pas tenu compte de moi». «Il m'a mal jugé.» «Il n'a pas fait attention à moi.» «Il faut qu'il reste en contact avec moi». Il y a une sorte de lumière dorée, de lumière blanche, qui tombe du haut de la corne de la licorne sur eux tous, qui suggère, et voilà les mots: «Il doit se rappeler de l'endroit où il va.» Et cette lumière touche tous les animaux… comme si… cela… clarifiait la signification de chacun d'eux dans ma vie. La licorne et la chenille émettent cette lumière… c'est très peu clair…

---

1   The Unicorn in Captivity, The Unicorn Tapestries at the Cloister, Métrop employée dans la employée dans la olitan Museum of Art, New York

« Il se passe des choses. Ils parlent tous ; c'est du charabia ; j'entends quelques bribes. Je pense que ce qu'ils vont faire c'est… choisir un porte-parole. Parce qu'ils sont tous… vous savez ce que c'est, ils se sentent ignorés depuis si longtemps qu'ils sont juste… la licorne essaie de les calmer, mais la licorne n'est pas un bon porte-parole parce que… elle est trop… trop lointaine… trop… il y a quelque chose de différent chez la licorne. C'est comme… un suprême… phénomène en quelque sorte. Eh bien… c'est la moufette ? On dirait que c'est le gorille. L'un d'eux dit: «Et s'il consacrait un jour à apprendre à connaître chacun d'entre nous ?»

«Nous sommes sept, il y a sept jours dans une semaine, il pourrait rendre visite à l'un de nous chaque jour jusqu'à la semaine prochaine.» On dirait que ceci les intéresse. Ils se sentent… comme des étrangers pour moi. Pas comme si j'étais un étranger pour eux, eux ils ont fait attention à moi. Mais ce sont des étrangers pour moi. Et ils se sentent un peu offensés. Très offensés. Maintenant ils disent : «Très bien. Qu'est-ce qui sera le plus facile pour lui ? Avec qui sera-t-il le plus à l'aise ?' Et on dirait que c'est la moufette. Et bien d'accord. «»

« Je ne sais pas quoi faire maintenant, et ils me regardent, ils attendent que je fasse quelque chose. »

Je demandai à Bill s'il serait volontaire pour faire ce qu'ils suggéraient, à savoir passer du temps chaque jour avec eux, un à la fois. Il répondit affirmativement, et après un peu de dialogue, Bill dit: « Même si pour moi ça ne veut pas dire travail, pour eux si. Ils vont continuer, comme ils ont toujours fait, même si cela me coûte la vie. Je me sens honteux de voir comme je suis si peu sincère. Comme si… je veux qu'ils m'apprennent à être clair. Et la chenille dit: «Regarde-moi. Trouve cette clarté en toi.» L'un d'entre eux, je ne sais pas lequel, et peut-être à nouveau la chenille, dit: «Ai conscience de choses simples à faire, et fais attention pendant que tu les fais. Fais les avec une complète attention.» Puis il y a une image du gorille, qui dit: «C'est la même chose, tu sais, avec nous tous. Nous avons tous des énergies différentes, des styles différents, mais tous nous nous exprimons très clairement, très simplement.» Ils me montrent comme je suis salement empêtré dans mes pensées. Voilà. »

J'étais profondément touché par le pouvoir de la licorne, et Bill aussi. Dès qu'elle était apparue elle avait fourni un but pour les autres animaux, leur avait donné une direction unique, les avait amenés de leur colère initiale contre Bill à un souci partagé à propos de son évolution. Cela lui donnait à lui aussi une direction qui était positivement énergisée.

Dans ce cas le passage des six premiers animaux à la licorne mettait en valeur le fait de passer de la dissension et de la fragmentation à l'alliance et à l'intégration. Bien que beaucoup d'évolution ait été possible chez mes patients précédents en travaillant uniquement avec les animaux des six premiers chakras, j'y vis le pouvoir de l'animal coronal pour couper court aux problèmes apparents et mener à un nouveau niveau de fonctionnement unifié. A partir de ce jour je commençai à inclure l'animal coronal dans le Processus de Totem Personnel.

Mon animal coronal personnel avait semblé absent du totem vu par la patiente qui m'avait guidée la première dans ce travail, et mes explorations initiales l'avaient donc oublié.

Plus tard, en cherchant mon animal coronal, je devins conscient de la raison probable pour laquelle il n'avait pu être observé : ce n'était pas un animal mais un puits de lumière dorée.

PERSONNE NE ME PARLERA PLUS JAMAIS

Début 1984, une femme qui avait entendu une de mes conférences sur l'imagerie guidée vint me voir. Elle me dit avoir été alcoolique pendant la plus grande partie de sa vie et avoir suivi plusieurs programmes et thérapies pour essayer de traiter son addiction. Elle était membre des Alcooliques Anonymes et était « alcoolique abstinente » depuis les sept dernières années. Elle avait trente-neuf ans, avait sa propre entreprise, donnait des cours du soir, et avait récemment mis fin à une relation de plusieurs années. Elle était maigre et tendue, et renvoyait un sentiment de fragilité. Je l'appellerai Sue.

Instinctivement je démarrai mon imagerie guidée avec Sue à un endroit que j'avais exploré avec seulement une demi-douzaine de gens à ce moment-là ; à savoir, avec les animaux des mains. Au début j'avais expérimenté la technique de laisser apparaître un animal dans chaque main, pour essayer de voir s'ils pouvaient être utilisés pour évaluer des déséquilibres entre les hémisphères cérébraux gauche et droit, et pour travailler à une intégration entre eux.

L'animal qui apparut de la main gauche de Sue était un petit terrier écossais noir, en cage dans une animalerie. Il dit qu'il voulait une maison et avait besoin qu'on l'aime et que l'on s'occupe de lui. Elle dit qu'elle lui donnerait une maison mais il avait peur d'aller chez elle, peur du grand berger allemand.

« J'ai dit au terrier que je le protègerai, mais il est toujours effrayé, » dit Sue. « Il n'a aucun moyen de se protéger seul de ce grand chien. Il essaiera de s'en faire un ami si je suis là à chaque fois que le grand chien est avec lui. Il est content maintenant, il me lèche et se serre contre moi. »

Puis je demandais à Sue de faire apparaitre un animal de sa main droite. C'était le grand berger allemand, agressif et grondant. « Il est fâché car je vais rapporter à la maison quelque chose avec quoi il devra partager. Il ne veut pas partager et il me dit qu'il blessera ce petit chien si jamais je le mets par terre. Il dit qu'il dirige la maison, en a la responsabilité, et n'est pas prêt à partager. J'essaie de le câliner et il gronde après moi, recule puis avance et me regarde fixement. J'ai peur de sortir le petit chien de sous mon manteau. Et à ce moment je ne sais même pas si je pourrai le sortir, car s'il ne le veut pas je ne pourrais pas. Il n'est pas content. »

« Il a le corps d'un berger mais la gueule d'un de ces chiens africains. Sa gueule est trop petite pour son corps. Je lui en parle, et il dit «Je suis moitié sauvage, et moitié apprivoisé.» Il est imprévisible et difficile à manœuvrer. Parfois le côté sauvage en lui domine le côté apprivoisé. Il veut être apprivoisé comme les autres chiens, mais une part en lui est encore vicieuse et ne montre aucune pitié pour sa proie. »

Je demandai à Sue : « Que fait-il pour vous ? »

Elle répondit : « Il me garde en vie. »

Je continuai : « C'est le travail de la tête ou du corps ? »

« C'est le travail de sa tête. »

« Quel est le travail du corps ? »

« D'être mon compagnon et de me protéger. »

« Y a-t-il parfois une contradiction ? »

« Il ne voit pas de contradiction. »

Je lui demandai de lui dire qu'il était membre d'une famille d'animaux et qu'elle les réunirait bientôt.

Elle répondit : « Il ne veut pas les rencontrer. »

« Pourquoi ? »

« Parce qu'il n'est concerné que par lui-même et sa survie. »

Je demandai qu'elle lui dise qu'elle aussi était concernée par sa survie, qu'elle avait besoin de lui pour la protéger, mais qu'à l'instant son souci était d'évoluer.

« Il ne me fait pas du tout confiance. Il n'a confiance qu'en lui-même. Et quand il est en danger il peut se gonfler et grandir. Pendant que je lui parle on dirait qu'il grandit. Comme s'il devait être plus grand que moi ; non, il n'est pas plus grand que moi, il est plus grand que quiconque il rencontrerait. »

« Est-ce que ça ne le met pas sous tension parfois ? »

« Il n'en sait rien. Tout ce qu'il dit, c'est qu'il sait comment faire quoiqu'il ait à faire pour contrôler, pour être dur, pour être plus important. »

Je lui demandai de dire qu'elle était heureuse de le connaître, et de reconnaître qu'elle l'avait parfois négligé, puis de partir.

A cause de l'intense divergence entre les deux animaux des mains, et de l'hostilité du berger allemand, je ne fis aucun essai pour provoquer toute nouvelle interaction entre eux. Franchement, j'étais soucieux, et je me tournai donc vers les animaux de pouvoir.

Quand je demandai à Sue de laisser un animal apparaitre de son front elle dit, « Quelque chose veut sortir mais ne le fera pas. Tout ce que je peux dire c'est que c'est un oiseau. Il ne veut pas sortir. Je pense qu'il est effrayé. »

Je la priai de lui demander s'il avait besoin de quelque chose de sa part et elle répondit : « Il a peur du gros chien. »

Je lui demandai alors de dire qu'elle allait prendre contact avec les autres animaux et reviendrait ensuite.

Quand je lui demandai de permettre à un animal de sortir de sa gorge elle répondit : « C'est un gros crapaud buffle, mais il ne sortira pas non plus. Il a lui aussi peur du chien, qui n'en ferait qu'une bouchée. »

Je lui fis demander ce qu'il voulait d'elle.

« Protection ! Je lui dis que je suis volontaire pour le protéger. Il dit qu'il le croira quand il le verra.»

Je lui demandai de permettre à un animal d'apparaitre de son cœur.

Elle répondit avec surprise : « C'est le petit terrier écossais ! »

« Que fait-il dans votre cœur ? »

« Il dit qu'il a toujours été là, mais il n'est pas jeune, il est vieux. » Pendant que Sue répondait elle commençait à pleurer.

« Demandez-lui s'il connait le chien dans votre main gauche. »

« Il dit que c'est lui. Il a l'impression d'avoir toujours été un bébé. »

« Voyez s'il y a autre chose qu'il doive vous dire maintenant. »

« Il y a longtemps qu'il a commencé à essayer de me parler. Il voulait faire tant de choses mais il n'en a pas été capable. Il pensait qu'au final il allait étouffer et mourir ! »

Notre heure de thérapie était passée et un autre patient attendait, mais je sentis le besoin de mettre Sue en contact avec son animal coronal avant de partir. Je lui demandai d'autoriser un animal à apparaitre juste au-dessus de sa tête.

Elle répondit, « C'est un vautour. Il est perché dans ma tête. Il attendait que le petit chien meure. »

« Il attend depuis combien de temps ? »

« Depuis longtemps. »

Je suggérai qu'elle demande s'il avait besoin de quelque chose venant d'elle.

« Non. Je sens qu'il ne va pas rester là. Il est seulement de passage. Il prend la place de quelqu'un d'autre. Il y avait quelqu'un d'autre perché là et il l'a fait partir en le combattant. Cette autre chose protégeait le petit chien, mais il l'a battu, alors il est parti. »

« Qui était ce ? »

« Il dit que c'était Jonathan le goéland, il dit que c'est celui de mon cerveau. Il se cache là maintenant. Il aime voler, mais il ne sort que quand il sait qu'il ne craint rien. Quand le chien et le vautour ne sont plus là, quand il n'y a pas de menace, ou encore quand ils sont occupés, il sort et glisse sur l'air. »

Quand Sue quitta la séance je lui demandai de m'appeler si nécessaire.

Quand Sue revint une semaine plus tard elle me dit qu'elle s'était sentie désorientée pendant deux jours après notre dernière séance. Elle dit qu'elle semblait être au bord d'une vieille tristesse, qui avait sans doute à voir avec son père.

Alors elle commença à me raconter que quand elle avait quatre ans elle avait été agressée par un homme près de chez elle, mais pas gravement. L'homme avait été arrêté et emprisonné.

Après une brève relaxation je lui demandai d'autoriser un animal à apparaitre de son plexus solaire.

« C'est un ours noir d'Amérique, il marche dans une clairière dans une forêt. »

« Demandez à l'ours noir s'il a besoin de vous dire quelque chose. »

« Il dit qu'il ne me connait pas du tout. »

« Demandez s'il a besoin de quelque chose de votre part. »

« Il dit qu'il a besoin de paix et de calme. »

« Comment cela peut-il être réalisé ? »

« Il dit en mettant moi-même mes émotions sous contrôle. Je lui dis que je le fais déjà, et il dit de façon sarcastique: «Ouais, j'ai déjà entendu ça.» »

Je lui demandai ensuite d'autoriser un animal à surgir de son ventre.

« C'est un crocodile qui baigne dans l'eau. »

« A-t'il besoin de vous dire quelque chose? »

« Non. »

« A-t'il besoin que vous fassiez quelque chose pour lui ? »

« Que j'en prenne plus soin. »

« Comment s'y prendre ? »

« En n'étant pas si anxieuse, et en prenant mieux soin de moi-même. La peur me rend anxieuse. »

L'animal de la base de Sue était une girafe qui courait. Je lui demandai de voir si la girafe avait quelque chose à lui dire.

« Elle n'a pas beaucoup de temps pour parler car elle essaie de se sauver de toutes ces choses qui la pourchassent. »

« Comment pouvez-vous l'aidez ? »

« En stoppant ces choses qui la pourchassent. »

« Qu'est-ce qui la pourchasse ? »

« Je ne sais pas. »

A ce moment de la thérapie de Sue j'introduisis un procédé que j'utilisais depuis un moment dans le travail de Totem Personnel : celui de devenir les animaux.

Au début de ce travail, quelques patients s'étaient parfois sentis spontanément conscients d'un point de vue de l'animal, subjectif ou issu de son expérience. Cette prise de conscience semblait les mener à de remarquables aperçus, non seulement de ce qu'ils étaient en tant que personnes, mais aussi de la vie de ces animaux. Par exemple, une personne, après s'être ressentie comme l'aigle de sa tête, volant et se posant sur un rebord, me dit, « La terre est douce pour les oiseaux, ils ne voient pas les rochers aussi durs que nous les voyons. » Une autre, après avoir été un éléphant, me dit que la trompe était si sensible et si délicate dans son mouvement que cela semblait équilibrer la solidité et la puissance du corps. De plus, elle dit que la trompe paraissait être une extension directe du cerveau de l'éléphant.

Comme toujours dans ce travail avec les animaux, il faut leur donner le respect approprié. Devenir l'animal n'est jamais entrepris délibérément sans le consentement de l'animal en question, et le patient doit aussi se sentir en accord avec cela. On lui demande alors de fusionner avec l'animal, et de s'éprouver prenant sa taille et sa silhouette, sa forme et sa structure ; de sentir le monde par sa peau (ou sa fourrure, ou ses plumes), de voir par ses yeux, d'entendre par ses oreilles, de sentir ses émotions, d'être conscient de son orientation et de son attitude, et de ce que le monde semble être pour cet animal. Ensuite je demande au patient de me dire ce qui se distingue le plus de cette expérience. Quand l'expérience est terminée on demande au patient de sortir entièrement de l'animal et de le remercier d'avoir permis cette fusion.

Dans cette part du processus je commence toujours avec l'animal de la base et je passe séquentiellement vers le haut jusqu'à l'animal coronal. Je procède ainsi pour des raisons théoriques : pour faire grimper l'énergie de la Kundalini[1]. Cette progresssion me permet aussi de finir par l'animal coronal, qui alors met en scène la formation du Conseil ; de la même façon je consulte l'animal coronal à propos de la convenance et de la procédure pour former le Conseil.

Quand Sue devint la girafe (animal de la base) elle me dit : « Quand elle court elle a des jambes avant puissantes qui entraînent la partie arrière du corps. La partie avant du corps est plus forte. Elle est un peu «schizo», elle regarde toujours autour d'elle. Elle semble menacée, comme si quelque chose allait lui sauter dessus. Elle sursaute beaucoup à chaque petit mouvement. Elle ne connait pas grand-chose d'autre que la peur. »

Quand elle devint le crocodile (animal du ventre) elle dit : « Il se déplace très lentement, à la recherche de quelque chose qui tomberait dans l'eau pour un casse-croûte ou un dîner. Il est très à l'affut de ce qui se passe autour de lui, même s'il a l'air comme mort. Bien qu'il soit sensible il ne va pas se permettre de ressentir cela. Il glisse doucement et régulièrement dans l'eau et même s'il a l'air encombrant dans l'eau, c'est doux et facile. On dirait qu'il attend quelque chose. J'ai le sentiment qu'un temps il était dans

---

1   Terme sanskrit lié au Yoga qui désigne une puissante énergie qui se trouverait logée dans le sacrum, représentée comme un serpent enroulé sur lui-même trois fois et demi. Par la pratique de la méditation, la Kundalinī s'éveillerait et monterait le long de la colonne vertébrale depuis le sacrum jusqu'à la fontanelle, progressant d'un des sept chakras à l'autre afin de les harmoniser un à un.

un grand trouble et que maintenant, il ne va pas se laisser retourner à cet état et à le ressentir. »

Quand elle devint l'ours noir (animal du plexus solaire) elle dit : « Quand il marche, il oscille en arrière et en avant. Il est dans son propre espace, dans son propre monde, n'est pas affecté par grand-chose autour. Il aime jouer, dormir, manger et explorer. Il n'a pas vraiment de peurs ; une peur d'être piégé ou acculé, comme ne pas pouvoir se sortir d'un feu ; ou de gens qui l'acculent, il faudrait alors qu'il se batte. Il se battrait s'il le devait mais il préférerait éviter ces choses. Un sentiment de sécurité et de sûreté. «Je sais où j'en suis. Ne viens pas dans mon espace», quelque chose comme ça. Beaucoup de joie. »

Quand elle devint le terrier écossais elle dit : « C'est comme si je tombais dans l'espace, comme si j'allais en cercles dans un tunnel sombre comme un cône. Il y a beaucoup de peur. C'est comme si je ne devais pas arrêter de tomber. Je tombe et je tombe, je tourne en rond dans cette obscurité – c'est peut-être comme un tunnel dans le temps. Maintenant il y a une petite fille qui tombe, elle a peut-être quatre ou cinq ans. Peut-être c'est moi. Elle a des nattes. Je ne me souviens pas avoir eu des nattes. Elle souffre et personne ne comprend. Elle pense qu'elle a été mauvaise et elle ne comprend pas pourquoi tout le monde chuchote et ne répond pas à ses questions. Des gens l'emmènent chez le docteur et tout le monde est si en colère. Personne ne lui dit ce qui se passe. Elle sent que si personne n'en parle c'est qu'elle a dû faire quelque chose de vraiment mauvais. Elle a des cauchemars et elle va dormir avec sa mère et son père mais là encore personne ne lui parle de ses rêves. Tout le monde semble vouloir l'envelopper dans … dans du coton, et elle veut juste être libre et ressentir.

Le terrier est de retour. Il me dit que tout va bien, qu'ils n'ont pas compris, qu'ils n'ont pas eu les mots pour lui parler, et qu'il a essayé de me dire que tout allait bien, que je n'avais rien fait de mal. Je ressens… le sentiment d'avoir pris sur moi la responsabilité de trop de choses, de trop de reproches. Le petit terrier est fatigué. » Nous laissâmes la petite fille avec le terrier et allèrent vers l'animal de la gorge, le crapaud buffle.

Quand elle devint le crapaud buffle elle dit : « Il a peur de donner son opinion. Il est vraiment insécure. Il préférerait se cacher, ne pas sortir, ou peut-être la nuit quand personne ne voit. Il a un sentiment de «à quoi bon». Il est vraiment solitaire. »

En tant que goéland elle dit : « C'est vraiment apaisant de glisser. Il a l'œil vraiment perçant et attentif, une très bonne vision. Il veut s'élancer vers tant de choses. Je sens qu'il a essayé de nombreuses fois de voler et de monter et il s'est blessé et maintenant il se cache, et puis il sort pour essayer encore. Il a l'air intelligent, fier. Il a peur de s'écraser et de rester coincé dans ma tête. »

« Il y est enfermé ? » je demandai.

« Pas en ce moment mais il l'a été. »

A ce moment le temps de notre séance s'était écoulé mais avant de finir je voulais que Sue retourne voir comment la petite fille allait. Elle avait un tas de questions auxquelles Sue répondit. Sue lui dit que ses parents n'avaient pas été en colère contre elle, mais inquiets pour elle. Elle lui dit que ses parents avaient été vraiment bouleversés par l'homme qui l'avait agressée, mais pas par elle. Elle lui dit que ses parents avaient vraiment du mal à parler de tout ce qui concernait le sexe et que c'était une raison pour laquelle ils avaient été si silencieux. La petite fille commença à se détendre au fur et à mesure qu'elle comprenait de plus en plus et se sentit mieux.

Sue dit : « Elle voulait que quelqu'un lui parle depuis longtemps. Je l'aime. »

GRANDIR

Quand je vis Sue la fois suivante, elle me dit s'être sentie confuse pendant deux jours après notre dernière séance. Elle avait aussi senti la présence de la petite fille presque continuellement. Cela l'effrayait car elle ne savait pas ce que ça pouvait encore signifier. Mais Sue était maintenant plus détendue. Elle dit qu'il y avait un nouvel apaisement dans sa relation avec son père même si elle ne lui avait rien dit de tout ça.

Lors de sa visualisation, le terrier (animal du cœur) vint spontanément à sa rencontre. « Il est très éveillé. Il se sent bien, il n'est pas triste aujourd'hui. »

Quand on lui demanda s'il avait besoin de quelque chose, il dit qu'il fallait que Sue continue d'avoir sa douleur pour but, ainsi elle continuerait à se sentir mieux. Elle accepta de faire ainsi.

Selon la suggestion du terrier, ils rendirent visite à la petite fille. « Elle n'a pas l'air aussi triste aujourd'hui, elle joue avec le petit chien. En fait le petit chien et elle sont très proches. Aujourd'hui elle a besoin d'être entourée. Elle attend avec impatience mes visites. Elle a attendu un long moment quelqu'un pour la réconforter. On dirait qu'elle a grandi. Elle est plus âgée. Six ans environ. Elle n'aime vraiment pas aller à l'école. Son grand frère la met dans le bus et elle donne des coups de pieds. Elle est toujours toute seule. Elle se sent seule parce qu'elle a toujours peur. Peur des gens. Peur d'être loin de la maison. Peut-être parce que personne ne lui a dit que les choses mauvaises ne vont pas sans cesse arriver.

Elle est désorientée. Quand sa mère la voit toucher son corps, elle lui dit que ce n'est pas bien, qu'elle ne devrait pas faire attention à son corps. Sa peur de ne pas être proche des gens est une peur de mal faire. Elle se sent mieux depuis que je lui ai parlé. Elle veut s'en aller et jouer. Elle essaie de jouer avec les autres enfants et elle découvre que c'est amusant. Elle revient me dire qu'elle s'amuse et me remercie de lui avoir dit que tout allait bien. Et elle veut explorer plus encore ce jeu et s'amuser.

Goéland (animal du front) est posé sur une arête et nous regarde. Il a toujours semblé si effrayé, mais il n'a pas peur du chien terrier ; en fait, on dirait qu'ils sont amis. C'est parce qu'ils en ont été empêchés par un autre qu'ils n'ont pas pu être amis. Le goéland ne veut pas rester très longtemps ni parler, parce qu'aujourd'hui il se sent libre et veut voler.

Je ramène Scottie le terrier. Il ne veut pas que je le quitte. On dirait qu'il veut être avec moi où que j'aille. En fait il veut être plus proche encore, il veut que je le porte.

Nous marchons et je le porte sous mon bras. J'ai des flashs de certains des animaux. Je ne sais pas où nous allons. Ce sont comme des flashbacks de ce que nous avons fait avant.

Je vois un lion. C'est comme un test pour ne pas avoir peur, continuer à marcher et le dépasser. Et quand vous y arrivez vous découvrez qu'il n'est pas si agressif, il n'est pas si gros.

En fait le lion s'est transformé, c'est le grand chien. Il est toujours si peu heureux, mais je n'ai pas l'impression qu'il va mordre la tête du petit chien. Sa gueule continue d'essayer de changer d'une gueule de chien sauvage à celle d'un berger allemand, mais cela ne marche pas.

Le terrier lui dit: «Tu as besoin d'avoir un cœur.»

Il n'aime pas beaucoup ça parce qu'il pense avoir un cœur. Je pense que je dois apprendre plus de choses avant de pouvoir l'aider. Je me sens nerveuse et anxieuse comme si je voulais sortir de là et je ne sais comment partir. »

« Dites-le à Scottie », dis-je.

« Il dit qu'il y a des parts de moi que je ne comprend pas, qui se présentent quand je ne le souhaite pas. Il dit que j'ai besoin d'apprendre encore. Il essaiera de me guider dans cet apprentissage. J'ai besoin de me connaitre et de me comprendre.

Je sens que le terrier veut me guider jusqu'à mes autres animaux. Il y a une raison à ce que j'entende certaines choses venant d'eux. Nous allons voir l'alligator (ventre). Il dit qu'il peut me blesser physiquement quand je suis dure avec moi-même ; c'est pour cela qu'il a des dents si aiguisées et des actions rapides -mais qu'il voudrait juste être tranquille le plus vite possible. Mais il peut être très agressif, si c'est ce que je choisis.

Je sens que le terrier me demande si je comprends. Je lui dis que oui. Le terrier dit que je vais apprendre à ne pas être dure avec moi-même. Il dit qu'il veut juste que je sache que quand parfois je me fais très mal, une part de moi peut m'attaquer. »

Puis ils quittèrent tous deux l'alligator et notre temps de séance était terminé.

Quand je vis Sue la semaine suivante, elle me dit que lorsqu'elle avait quitté le bureau la semaine avant, le chien Scottie était très présent, et quand elle avait atteint le parking il lui avait dit qu'il avait besoin de l'amener voir un autre animal. Quand elle s'assit dans sa voiture dans le parking, le terrier l'amena voir l'ours (plexus solaire). L'ours était debout sur ses pattes arrière, grondant. Il lui dit qu'elle ne l'écoutait pas, qu'il lui disait des choses et qu'elle n'écoutait pas. Il essayait de lui éviter d'aller dans des directions qui seraient nuisibles ou douloureuses mais elle n'écoutait pas. Elle lui dit qu'elle essaierait d'écouter mieux à l'avenir.

Sue me dit aussi que la semaine dernière elle avait été heureuse. Elle avait pris des décisions aisément ; de retourner travailler dans l'immobilier, de rester chez ses parents jusqu'à ce que les choses soient plus posées dans sa vie.

Ce jour-là, dans notre visualisation le terrier l'attendait. Il était plein d'énergie et très excité de ce qu'elle prenait mieux soin d'elle.

« Il est aussi très excité par le fait que je pense par moi-même, concernant ce qui est important pour moi. Et il ne se sent pas autant embourbé, étouffé, ou seul. Il dit que les choses ont continué depuis notre dernière rencontre. Il a rendu visite aux autres. Il ne se sent plus du tout enfermé. Il a été libre d'aller où il voulait et de faire comme il l'entendait. Il n'a plus de poils gris. Il se sent plus proche de moi. Il a joué avec la petite fille et elle se sent plus proche de moi.

Je sens une forte attirance pour l'ours ; le terrier veut que j'aille le voir, alors nous y allons.

L'ours s'est assis. Il va prendre le temps de nous parler. Il apprécie que je l'écoute mieux. Et il veut que je sache que je ne vais pas toujours écouter. Mais il sent que nous ne sommes plus des étrangers maintenant.

Il a hiberné et vient de sortir récemment. Il est désireux de m'aider à le comprendre et à savoir quand il me fait signe.

Il n'a pas l'air sarcastique aujourd'hui, juste soucieux, un côté de lui que je n'avais pas vu. Il dit une chose, il ne s'arrête jamais, il me donnera toujours des signaux que je les écoute ou pas, il n'est pas comme certains des animaux, il ne s'en va pas ni ne met la tête dans le sable.

Lui et le chien Scottie semblent plus proches, aussi. Ils pensent que je devrais rendre visite aux autres animaux. Scottie va m'accompagner. L'ours sent fortement qu'il n'a pas besoin d'un des autres animaux ; eux doivent comprendre ses messages et son pouvoir. Il ne veut vraiment pas perdre son temps avec eux jusqu'à ce qu'ils soient prêts à l'écouter.

Scottie et moi allons voir le crocodile. Il a l'air très content de grimper sur la rive. Il a passé du bon temps à nager, sans avoir à regarder ou guetter quelque chose. Il a profité du soleil, de l'eau et de la paix dans son étang. Et il ne veut pas prendre plus de temps pour parler. Il retourne dans l'eau.

Le goéland est venu nous rendre visite. Lui aussi a passé du bon temps à voler. Il ne s'est pas senti emprisonné. Il a été en contact avec l'ours. L'ours lui a suggéré de penser à des choses auxquelles il n'a pas pensé depuis longtemps. Et il a essayé ses ailes.

Il a été enfermé si longtemps qu'il tente de retrouver ses propres comportements.

Il a même volé la nuit, ayant peur que cela ne dure pas. Il sent qu'il y a beaucoup de choses qu'il veut connaitre et faire. Mais pour le moment il va profiter de l'espace qu'il n'a pas eu. Il se sent toujours seul, mais c'est parce qu'il a été trop pris par le fait de trouver du temps. Il s'envole.

Le chien Scottie et moi marchons le long de l'étang du crocodile.

Intéressant, le crapaud buffle est là. Il est assis au bord de l'étang. Il prend le soleil. Il ne veut plus devoir se cacher. Il veut recevoir du soleil et se fiche vraiment du «pourquoi». Il a juste envie de profiter. Il ne va pas trop loin du bord.

Le chien Scottie veut aller voir la petite fille.

Nous sommes avec elle. Elle a l'air plus heureux et elle a grandi. Elle doit avoir huit ou neuf ans. Elle a essayé de jouer avec des amis. C'est très difficile pour elle. Elle a peur d'être blessée, ou de ne pas être proche, ou de ne pas comprendre.

Pour la première fois, elle a joué d'elle-même avec les autres enfants. D'habitude, elle les regardait plutôt que de jouer. Elle a un ami, mais quand elle est trop proche ensuite elle se sent blessée. Elle n'est pas aussi effrayée qu'elle l'était ; au final, elle ne fait pas comme si tout le monde était mauvais, ou allait la blesser. Maintenant elle veut essayer. Avant, elle ne pouvait pas essayer. Elle étudie beaucoup, veut démonter les choses pour voir ce qui les fait fonctionner. Ce qui lui attire des ennuis. Elle veut toujours savoir «pourquoi», pour des choses pour lesquelles il n'y a pas de réponse ou dont les gens ne veulent pas lui parler.

Elle parait moins confuse. C'est ce qui la rend différente. Je lui dis que peut-être les gens ne répondent pas parce qu'ils ne connaissent vraiment pas la réponse. Peut-être que parfois son esprit va trop loin pour les gens qu'elle questionne. Ce n'est pas grave.

Ils vont lui faire passer des tests.

« Qui ? » Je demandai.

« L'école. »

« Comment se sent-elle vis-à-vis de cela ? »

« Cela la rend différente – de façon effrayante. Tout d'un coup, ils peuvent la prendre et la mettre dans une autre pièce, même avec des enfants plus grands qu'elle. C'est effrayant pour elle. Elle se sent mieux de savoir que je suis avec elle. Elle sent qu'elle ne sera pas seule. Je lui dis que j'ai peur des tests, moi aussi. »

« Peut-être vous pouvez vous aider chacune à aller au-delà de cette peur des tests, » dis-je.

« Elle apprécie qu'on puisse travailler ça ensemble, que nous ne nous sentions pas seules. Je sens qu'elle veut que je lui rende visite plus souvent. Surtout quand je me sens mal, comme si quelque chose me manque. Elle va essayer de me dire quand elle a besoin que je vienne. Elle dit qu'elle se sent beaucoup mieux, mais elle se sent souvent très seule. Il y a tant de choses qu'elle ne comprend pas que je l'aide quand nous parlons. Et elle ne se sent pas comme une mauvaise fille en permanence. Je sens beaucoup de réconfort à être avec la petite fille. C'est comme si elle grimpait en moi et moi en elle. Il est temps pour elle de partir et d'essayer de jouer avec ses amis.

Le chien Scottie et moi marchons. Je ne sais pas si c'est lui qui le dit ou si c'est une pensée de mon esprit, quelque chose à propos de la petite fille et de mon âme. Il dit : «La recherche de ton identité est la recherche de ton âme.» J'aime beaucoup être avec le chien terrier. Et il aime être avec moi.

Il dit qu'il s'est tant inquiété. Il pensait que je mourais et à lui-aussi il était en train de mourir, il perdait sa force, et nous sommes les meilleurs amis parce que nous allons bien tous les deux ensemble.

Il n'y a pas d'autre endroit où il veuille que nous allions pour aujourd'hui. »

A la fin de la séance, Sue me dit qu'elle se rappelait avoir été évaluée au milieu du CE2 et puis déplacée au CM1 où elle se sentait seule, isolée, et incompétente. Depuis elle s'était bloquée lors des tests, un peu comme si elle provoquait elle-même son échec.

Lors de notre séance suivante, elle rencontra à nouveau le chien terrier. Ils firent une promenade pour voir ce qui pourrait leur arriver.

« Voilà l'ours, sur ses jambes arrière, qui marche, comme si vous imaginiez un grand singe dans une jungle. Il sent qu'il n'a pas d'empêchement à aller là où il veut. Il veut que je me rende compte à quel point il peut être puissant, un peu comme un enfant qui se vante. J'aime cet ours, c'est un chouette ours. Il est content que nous soyons devenus amis parce qu'il a essayé tant de fois de me donner sa puissance mais je ne pouvais ou ne voulais pas la prendre. Il dit que c'était toujours comme si quelque chose manquait. Il dit qu'il a ressenti si longtemps qu'il n'avait besoin de personne, peut-être qu'il avait tort à ce propos. Il n'a pas l'air d'avoir autre chose à dire, ou alors il veut que nous le suivions.

Quelque chose arrive au chien Scottie. Quand je l'ai rencontré la première fois il était si terrorisé par le grand chien. Maintenant il a l'air de ne pas avoir peur.

L'ours nous a amenés dans son antre. Il y a trois bébés dans cet antre. Je sens une anxiété qui me tombe dessus. »

« Dites à l'ours comment vous vous sentez, » suggérai-je.

« Il dit qu'il sait, mais il y a quelque chose que je dois faire. Un des bébés est mort. Il m'a fait venir ici pour que je réalise que Richard était vraiment réel. Ces ours sont mes fils. Richard est mort avant même que je puisse le voir. Et quand je suis rentrée de l'hôpital à la maison tout était fini. C'est comme si je n'avais jamais été enceinte. Ils l'avaient incinéré. Tout ce que je pouvais faire, c'est aller au crématorium pour regarder une étiquette sur un carré de marbre. »

Sue pleurait.

« L'ours me tend le bébé ours mort et me dit que tout va bien. Des deux autres, l'un est fort et l'autre est fragile, et le faible est Thomas et le fort est Bobby. Et je dois choisir si j'en élève un avec succès ou si j'en élève deux sans pouvoir faire quoi que ce soit pour eux, parce que Thomas était si malade. Et l'ours me dit que je ne devrais pas me sentir coupable, que je n'étais pas plus à blâmer que pour Richard, mais que je devrais être reconnaissante que son père ait pu s'occuper de lui. L'ours est en train de me dire de ne pas me sentir mal de tant aimer Bobby, de ne pas laisser les gens casser notre relation, que je l'aime pour trois. Et qu'il avait besoin de moi autant que moi de lui.

L'ours dit que l'un de ses petits va aller chez quelqu'un qui n'en a pas et qu'elle n'en gardera qu'un. Tout ce temps, j'ai pensé que c'était un mâle. Et qu'elle allait l'aimer comme s'ils étaient trois. Elle va me reprendre ce petit ours mort des mains et elle veut que je vienne avec elle pour l'enterrer. Je me sens plus calme maintenant. Je ne savais pas à quel point j'avais refoulé ces choses-là loin de moi. »

Quand la visualisation fut terminée, Sue me parla de ses enfants. Bobby était né quand elle avait seize ans seulement. Un an et demi plus tard, au cours de son second mariage, elle donna naissance à Thomas. Il avait le cerveau endommagé et une paralysie d'origine cérébrale. Elle le confia à son père. L'ourse lui avait fait réaliser pour la première fois « combien il était bon que son père puisse le prendre. »

Pour Richard, son placenta avait envahi son utérus, et de plus c'était un bébé de Rhésus négatif. Sue avait failli mourir. Elle se rappelait entendre une infirmière crier : « Mon Dieu, il est difforme ! » Elle ne le vit jamais, elle l'entendit juste pleurer. Elle avait été emmenée d'urgence en chirurgie. Le bébé Richard était mort pendant qu'on l'opérait. Ses parents et son mari décidèrent de l'incinérer sans la consulter. Quand elle rentra à la maison, la chambre de Richard avait été transformée en chambre d'amis. Elle pensa avoir fait un mauvais rêve. Elle ne savait pas qu'il avait été incinéré. Son mari dit : « Veux-tu aller voir Richard ? » et il l'emmena à un endroit où il y avait une plaque sur un bout de marbre rose.

Au début de notre séance suivante, Sue exprima ses idées sur la façon dont l'imagerie pourrait être utilisée pour les Alcooliques Anonymes. Elle dit aussi qu'elle n'était plus entraînée dans des problèmes. Maintenant elle abordait les problèmes de tout son être.

Lors de la visualisation elle rencontra à nouveau le chien Scottie. Il était dans une forêt de grands arbres. Des rayons de soleil descendaient vers le sol. Il faisait chaud. Il dit que les animaux attendaient dans une clairière pas loin d'ici.

« Un léopard sort de la forêt pour venir à notre rencontre. Il est lisse, doux, amical. C'est notre guide pour le reste du chemin. J'ai l'impression de connaitre cet animal. Il dit qu'il était le grand chien. Il dit que finalement, il est arrivé à n'être qu'une seule chose. Il est si doux et sans colère. Il est amical avec le chien terrier.

Nous arrivons à une clairière. Tous les animaux sont là et je les salue un par un.

L'alligator dit que c'est chouette d'être hors de l'étang, sans sentir qu'il devrait plutôt être là-bas.

L'ourse noire est lisse et brillante, et heureuse que j'aie pu arriver à ce que nous soyons tous ensemble. Elle est contente que j'aie évolué pour permettre à son pouvoir de s'étendre au léopard. Je ne comprends pas ce qu'elle veut dire par là.

« Dites-lui que vous ne savez pas ce qu'elle veut dire par là, » suggérai-je.

« Elle dit qu'elle et le léopard sont très puissants ensemble, mais on ne leur a jamais permis d'être ensemble ; c'est pourquoi seul son pouvoir à elle est apparu, et le léopard est une puissance que j'ai toujours connue, une puissance interne. Elle est ma force pour me faire connaitre les signaux de danger et mes choix. Le léopard est un pouvoir de rapidité dans les choix que je fais, que j'ai toujours connu. Elle dit qu'en grandissant je vais devenir familière avec le léopard et que je commencerai à mieux comprendre.

Le goéland dit qu'il est temps que nous utilisions notre intelligence. Nous avons eu de l'intelligence mais notre créativité et la direction où l'appliquer ont été recouvertes par tous ces événements étranges à l'intérieur de moi. Il a retrouvé sa force et n'est plus faible désormais, et bientôt nous allons découvrir où nous devons aller.

Le crapaud buffle dit que nous ne devons pas avoir peur de dire ce que nous ressentons. Dire ce qu'on ressent ne signifie pas que les autres ont tort et nous raison. C'est la sécurité de pouvoir dire où on en est. J'ai besoin de pratiquer cela et de ne pas me soucier des sentiments des autres.

D'abord m'inquiéter de mes propres sentiments.

Le chien Scottie a sauté sur mes genoux. Il me dit qu'il est une part de chacun de ces animaux, mais qu'il en était arrivé à ne plus connaitre aucun d'eux. Chacun d'eux a un cœur tendre.

Maintenant que je suis consciente de certaines autres choses et plus seulement en train de me blesser, si je travaille dur, je saurai ce qui doit être fait avant d'être blessée. Juste avant d'en arriver là, il faut prendre un grand moment de recul et trouver exactement où l'on en est. Je dois rester en accord avec mes sentiments, mais je dois aussi rester en contact avec les signaux de l'ourse noire, et le léopard est rusé pour me dire ce qui doit être fait au plus vite.

La girafe arrive. Elle regarde alentour. Elle grignote aux arbres.

Elle ne tremble pas et elle – avant tout elle dit qu'elle est une femelle et pas un mâle. Elle dit que depuis qu'elle utilise son odorat et sa vue perçante, elle n'a pas eu à tant s'inquiéter que quelqu'un la tue. Plutôt que d'être terrorisée tout le temps, elle a le temps de profiter de l'instant présent. Sa stature est grande et droite, et je vois une force en elle maintenant.

Le chien Scottie dit qu'il aimerait continuer maintenant que la girafe est là.

Une seule chose l'inquiète : que je doive apprendre à rester en contact avec eux. Ils travaillent bien tous ensemble, c'est moi qui ne travaille pas avec eux. Je les sépare. Il dit qu'ils gagnent tous en force qui peut être étouffée de nouveau si l'on n'y prend pas garde.

Un jour prochain, dit le chien Scottie, je n'aurais pas de guide pour venir en moi. Je dois être mon propre guide. Je dois essayer pour ma propre survie. Les animaux pensent que je devrais être en contact avec eux plusieurs fois par semaine. Même si je ne suis en contact qu'avec un. C'est ma quête actuelle, je dois apprendre cela. »

« Peut-il vous aider à apprendre cela ? » demandai-je.

« C'est un voyage pour apprendre comment entrer en soi-même que je dois apprendre pour ma survie. Ce n'est pas quelque chose qui puisse être enseigné. C'est quelque chose qui arrive ou qui n'arrive pas. Il n'a pas d'autre suggestion que d'essayer. »

A la fin de la visualisation Sue dit : « Certaines des sensations que j'ai sont inexprimables par les mots. J'aimerais dire aux gens ce qui m'arrive mais il n'y a pas de façon de pouvoir le faire, ils ne comprendraient pas. C'est si beau de découvrir que je peux ressentir différemment les situations. »

LE COBRA ROYAL

Lors de notre rencontre suivante, Sue commença par dire qu'elle avait toujours eu peur de parler devant un groupe. La semaine dernière, cependant, elle se leva et plaisanta et fut tout à fait à l'aise pendant un discours qu'elle avait à faire. Ce n'est que lorsqu'elle se rassit qu'elle réalisa combien cela avait été difficile jusqu'alors. L'instructeur lui fit plus tard remarquer : « Où est cette fille douce et tranquille qui était dans mon cours l'an dernier, dont je ne pouvais obtenir qu'elle dise un mot ? »

Sue me dit alors qu'auparavant elle se laissait totalement entraîner dans tous les problèmes qui arrivaient dans sa vie ; et que maintenant, de plus en plus, elle se rendait compte qu'elle se concentrait sur les solutions plutôt que sur les problèmes. C'était nouveau pour elle.

Dans sa visualisation, elle rencontra le chien Scottie qui se tenait dans la forêt. « Le léopard vient juste de nous rejoindre. Il est allongé dans l'herbe à côté de nous. Et l'ourse noire nous a rejoints. Le chien dit que nous devons parler de la semaine passée.

L'ourse noire me raconte comment elle m'a envoyé toutes sortes de signaux ce weekend, et comment pour la première fois j'ai écouté ses signaux et laissé le léopard y réagir. Le chien Scottie dit que c'est l'une des premières fois que j'ai ressenti de la peine en mon cœur et que j'ai été capable de découvrir pourquoi, et puis d'y réagir. Le chien Scottie dit que je ressens de la douleur, que l'ourse me donne les signaux et que le léopard me dit comment résoudre cela. Le chien Scottie dit que je dois travailler volontairement à être consciente de la peine des autres, mais ne pas permettre à leur douleur de me faire perdre ma direction. Je dois d'abord rechercher mes propres sentiments. Chacun doit avoir la responsabilité de ses propres sentiments.

Le léopard me dit que j'ai beaucoup de stress et que je m'y cramponne encore beaucoup. Et que je ne devrais pas trop m'en inquiéter car ce n'est pas quelque chose que je vais être amenée à utiliser dorénavant. Je demande à Scottie pourquoi je n'ai pas pu le contacter après Dimanche. Il me dit que je traitais tant de choses et faisait un si bon travail que je n'avais pas besoin d'une nouvelle direction mais plutôt de repos. Et que je dois apprendre que le contact peut venir de façons différentes à différents moments. Etre conscient est un contact. La proximité est un contact, et si je m'en inquiète trop, je perdrai le mode de contact le plus simple ; je suis en train de chercher quelque chose que j'ai déjà.

Le léopard m'explique de quelle façon c'est lui qui rend certaines choses que je ressens si différentes ; il ne pouvait rien faire auparavant, et je vais donc parfois être surprise de suivre avec lui un signal reçu me demandant de faire quelque chose. Je suis partante pour le faire avec lui.

Le léopard dit que l'important n'est pas qui je suis, ou avec qui je suis, mais comment je me perçois moi-même. Qui je suis vraiment n'a rien à voir avec qui m'accompagne ni avec ce que je fais, et en évoluant, cela deviendra plus clair pour moi. Que je suis bonne et que je le saurai bientôt.

Je peux sentir la douleur de Bobby dans sa situation. Bobby est venu ici le premier jour de la semaine. J'aurais dû passer du temps tranquillement avec lui et l'aider à exprimer quelque peine, au lieu de cela j'ai été comme un bon ami mais pas comme une bonne mère. Il en aurait eu besoin. On peut toujours trouver un bon copain mais on ne peut pas toujours avoir une mère aimante.

Je m'allonge contre mon léopard. Sa fourrure est douce. J'aime vraiment beaucoup ces trois animaux. Je me sens si proche du léopard, alors que je viens juste de le rencontrer. Il est très important que nous quatre restions en contact rapproché et que je n'essaie pas de me précipiter pour devenir meilleure trop vite. La croissance vient par étapes, parfois c'est chaque jour, et parfois il y a de longs paliers.

J'ai besoin de me ressourcer. J'ai besoin de prendre soin de moi, de me faire du bien. «Ne sois pas contrôlée par tes sentiments ou émotions, ou par les sentiments ou les émotions d'autrui, ou tu perdras ta capacité à choisir.» Léopard me dit que je dois apprendre à entrer dans mes sentiments comme si ce n'étaient pas les miens, et à pouvoir leur demander: «Pourquoi es-tu là ?»

Maintenant le chien Scottie a sauté sur mes genoux. Il dit qu'il est important maintenant de saisir ce que j'apprend, et de ralentir, parce que j'ai tant appris, de ne pas questionner mais juste apprendre et utiliser ce que j'ai compris, ce qu'on m'a enseigné, ce que je ressens.

L'ourse est très contente ; quand elle m'envoie un signal maintenant elle sent ma vivacité. Je ne me mets pas à courir paniquée, en tout cas maintenant pas plus qu'un autre. Et plus j'agirai ainsi, plus je deviendrai compétente pour savoir automatiquement quoi faire.

«Soit consciente de mon calme. Etre consciente de mon calme c'est être en contact avec moi.» J'ai besoin de ralentir et de commencer à apprendre comment vraiment utiliser ces outils. L'ourse dit que je les ai, maintenant je dois m'accorder avec eux.

Je demande au chien Scottie pourquoi je n'ai pas vu la petite fille. Scottie répond: «Elle n'est plus si petite maintenant» ; et la raison pour laquelle je ne l'ai pas vue c'est qu'inconsciemment je l'ai bien aidée à grandir. Quand aujourd'hui je tombe sur des choses qui font mal et que je leur trouve une solution, automatiquement je stimule sa croissance à travers des événements du passé. Cette petite fille était la même qui s'occupait avec les enfants. J'ai l'idée que j'ai tant de complexes et sans doute moins de difficultés, mais les difficultés que j'ai eues ont été très délétères. Vraiment je ne m'étais pas confrontée avec quoi que ce soit dans ma vie.

Je pense que c'est tout ce qu'ils ont à dire pour aujourd'hui. »

La séance suivante Sue commença par me dire qu'elle avait eu une semaine très pénible. Sa petite-fille était malade et tendue ; son fils était là ; une audition s'était tenue concernant la liquidation de l'entreprise familiale. Des gens des Alcooliques Anonymes l'avaient appelée pour des conseils personnels. Elle s'était aussi renseignée sur les formations en conseil.

Dans sa visualisation, elle trouva sa girafe en train de paître. Ensemble elles allèrent rencontrer les autres animaux.

« L'ourse noire descend un chemin sur ses pattes arrière, puis à quatre pattes. Elle veut que je comprenne qu'on peut marcher bien droit avec force mais qu'il n'y a pas de honte à venir à terre. Je lui dis que je suis fatiguée. Elle dit que je peux me reposer sur elle un moment, et qu'elle m'aidera à regagner ma force. Je marche vers un endroit ensoleillé. Je m'allonge contre sa fourrure épaisse et douce. Mon corps commence à être très chaud.

Léopard est venu nous rejoindre. Le chien Scottie arrive par le chemin. Il est sur mes genoux. Je lui demande pourquoi je ne l'ai pas rencontré en premier. Il est vraiment excité, il me lèche le côté du visage. Je veux savoir pourquoi il est excité. Il me raconte que j'ai appris à marcher seule, que je n'ai pas toujours besoin de lui pour accomplir un voyage. Il dit qu'il est très fatigué. Mon cœur est très fatigué, mais pas autant que d'habitude. Tous les animaux ont pris une part de la douleur et du voyage, et il n'a pas eu l'autorisation de tout prendre sur lui.

Léopard met sa patte sur mes jambes, il dit que depuis que je l'ai autorisé à des actions rapides, le chien Scottie n'a pas à être épuisé, l'ourse n'a pas à devenir frustrée, et la girafe n'a pas à sentir qu'elle doit s'échapper en courant. Je regarde Girafe qui paît et se repose ; ses muscles ne tremblent pas, elle est très calme.

Léopard veut me ramener à Mardi dans la salle du Tribunal. Il veut que je sente ce que je j'éprouvais alors. Je ressentais de la tristesse pour mes parents qui ne pouvaient pas éprouver de calme. Comment je me sentais ? Je me sentais relaxée et calme. Mon cœur ne tapait pas contre ma poitrine et ma respiration était sous contrôle. Je ne me sentais pas comme si j'allais vomir ou m'évanouir, ou avoir besoin que quelqu'un me soutienne.

Léopard dit que je suis fatiguée mais pas affolée par l'émotion. Que je me suis bien traitée. Comment se sentait Bobby ? Il avait l'air assez calme, comme s'il avait finalement accepté que ce soit fini. Il était anxieux que ça se termine. Ce que je pense de Bobby ? Je suis fière de lui, j'ai pu le lui dire, et lui dire pourquoi. Je lui ai dit beaucoup de choses que je voulais lui dire, principalement que je suis fière de lui et qu'il est fort, qu'il y avait de quoi devenir dingue avec ce qu'il avait traversé. Il avait l'air bien.

L'ourse me demande mes sentiments pour la fille de Bobby, ma petite-fille. Je me sens si proche d'elle. Je sens que ses épreuves sont loin maintenant, comme les miennes. Parfois je souhaiterais pouvoir toucher sa tête pour en enlever toute douleur. Il y a de l'électricité entre nous. C'est presque comme si j'étais elle ou elle moi. Je sais maintenant qu'elle aime beaucoup sa belle-mère et qu'elle va aller bien. Ils me demandent ce que j'ai appris. J'ai appris que peu importe, je veux que tout soit parfait pour elle. Mais j'ai réalisé qu'elle a le meilleur qu'elle puisse avoir. C'était une bonne expérience. Toute cette semaine je suis allée d'une expérience à l'autre.

Léopard est fier de moi. Il dit que lorsque Paul m'a appelé j'ai pu voir au-delà de sa conversation. Ma vision s'éclaircit à propos des manipulateurs. Je n'ai pas de temps pour eux. Ma vision s'est clarifiée. J'ai été piégée dans certaines choses parce que je voulais dire oui.

Je fais un gros câlin à mon léopard. Je peux agir rapidement maintenant. Je n'ai pas à faire d'erreurs stupides.

Goéland vole au-dessus de nos têtes en cercles, fait des acrobaties. Je sens comme une vague qui vient sur toutes mes tensions, qui les enlève ou les guérit. Le chien Scottie s'est endormi pelotonné sur mes genoux. Et je me sens presque endormie contre l'ourse. J'ai chaud. Je me sens en sécurité. Je me sens comme un petit enfant recroquevillé dans les bras de sa mère.

Léopard dit qu'avant que je les quitte, il veut que je sois consciente d'une chose : de ne pas bloquer mon énergie quand je parle à quelqu'un qui m'irrite. D'être attentive à mes propres sensations.

Ils me disent qu'il est temps de partir maintenant. Je les vois très différemment de la façon dont je les voyais il y a trois mois. »

Lors de notre séance suivante, Sue commença par me parler sérieusement de travailler pour obtenir un diplôme en conseil. Elle avait consulté différents programmes.

Elle parla aussi de ses parents, de sa mère qui semblait toujours sous le coup d'une colère à la maison, et de la colère de son père. Je choisis donc de travailler en visualisation avec ses parents. C'est un travail que j'ai fait avec d'autres, qui aide souvent à résoudre les difficultés relationnelles en élargissant la vue de la situation. Je suggère que le patient se visualise avec la personne avec laquelle il est en conflit ou en manque de compréhension, puis leur demande de fusionner chacun dans l'autre (de façon similaire à devenir un animal), de façon à ce qu'ils expérimentent chacun la complexité de la perspective de l'autre.

Je demandai à Sue d'inviter sa mère à apparaître pour elle. Sue était avec sa mère dans la cuisine. Elles étaient assises au bar l'une en face de l'autre. En devenant sa mère, Sue vit sa sensibilité et souffrit.

En visualisant son père, elle le vit assis sur le bord d'une rivière et sentit un mur entre eux. Elle ne pouvait pas passer à travers le mur. Elle dit que le mur était fait de briques et d'une ombre.

« Quelle est cette ombre ? » demandai-je.

« De la déception. »

« Quel événement a amené cette ombre ? »

C'était le mensonge que Sue avait dit à son père quand elle avait épousé Gary à l'âge de seize ans : qu'elle était obligée de se marier. Elle lui avait dit cela uniquement pour partir de la maison, loin d'une grand-mère toujours critique. Alors son père devint très critique. Il ne lui donna pas de conseils, seulement des critiques. Sue sentait toujours qu'elle devait être meilleure que son frère.

Je lui demandais de voir si certains des animaux voudraient aider à guérir cette situation. L'ourse, le léopard et le chien Scottie répondirent.

L'ourse dit que si Sue sentait le mur si fortement c'est parce qu'elle ne pouvait pas changer son père, ni sa conception de la personne qu'elle devrait être. L'acceptation du fait qu'elle ne pouvait pas le changer ferait disparaître le mur.

Le chien Scottie dit que la douleur provenait du fait d'avancer dans la vie en sentant que même si elle avait fait une faute d'importance moyenne, elle avait laissé tomber son père. Papa avait pensé qu'elle était un miracle et qu'elle serait parfaite. Tôt dans son mariage, sa femme avait eu un avortement et il pensait qu'il serait puni pour ça. Scottie dit de ne pas parler de ça à son père avant de l'avoir travaillé.

Léopard ne savait pas comment réagir à cela pour l'instant. Sue devait d'abord le vivre avec Ourse et Scottie. Elle devait être plus forte. Elle devait être capable d'aider Papa de l'autre côté du mur avant d'aborder ceci. Quand elle deviendrait plus à l'aise avec elle-même, elle deviendrait plus forte. Les choses que Papa attendait d'elle, elle les attendait aussi d'elle-même, et si elle avait failli c'est parce qu'elles n'étaient pas réalistes.

A notre séance suivante, une semaine plus tard, Sue était fatiguée mais ne savait pas pourquoi.

Les choses allaient mieux avec sa mère. Sue semblait plus douce que d'habitude.

Lors de la visualisation elle rencontra d'abord le chien Scottie et lui dit qu'elle était fatiguée. Scottie dit qu'elle n'avait vraiment pas fait attention à elle cette semaine. Elle avait joué au sauveur. Et maintenant qu'elle était plus consciente, elle commençait à se fatiguer plus vite.

« Peu importe combien c'est difficile, nous pouvons aider les gens mais pas les sauver d'eux-mêmes. Ma fatigue est un signe de mon évolution. Être en accord avec moi-même ne me rend pas possible de jouer un mauvais rôle très longtemps.

J'ai pris le chien Scottie dans les bras et nous partons nous promener. Nous sommes dans une forêt. Ourse et Léopard sont là. Ourse est très contente que je sois venue la secourir. Elle m'a envoyé des signaux toute la semaine et elle est fatiguée. Léopard n'est pas fatigué du tout. Seulement Scottie et l'ourse. Je demande à Léopard pourquoi il n'est pas fatigué. Il dit que c'est parce que je ne lui ai pas permis de faire son travail. Il dit que je dois être attentive au fait que les gens souffriront, que leur douleur me fera mal, mais que je ne peux solutionner les problèmes des autres. Je ne peux réparer que moi. Mes proches savent que s'ils se font mal, j'interviendrai et essaierai d'améliorer les choses. Je dois briser ce modèle. Je ne peux pas prendre la douleur de quelqu'un d'autre.

Une autre part de ma fatigue est normale car je n'ai pas de sécurité dans ma vie en ce moment. Je me rends compte que je vais quitter mon travail et en prendre un nouveau. Je ne sais pas si j'irai à Tacoma ou à Seattle. Mes idées et mes plans sont précis mais il y a encore beaucoup de stress, je m'en débrouille c'est normal, et c'est aussi à ça que j'ai réagi. »

« Est-ce que les animaux peuvent vous aider à retrouver votre énergie ? » demandai-je.

Ourse dit de m'allonger le dos contre elle et de tout chasser de mes pensées. J'ai fait tout ce que je pouvais faire. Plutôt que d'être un sauveur, je dois dire aux gens que je ne peux rien résoudre pour eux. Je dois prendre la responsabilité de les éloigner de moi. J'ai besoin de plus de temps calme pour moi, de partir faire un tour pour moi, par exemple en voiture. Je n'ai pas fait attention à mes besoins cette semaine.

Mon léopard a mis sa patte sur ma jambe comme il fait toujours, comme pour me dire que tout va bien.

Mon ourse me dit que si j'ai besoin de sauver quelqu'un, il faut la sauver elle. Elle se sent très bien maintenant. Allongée contre elle, je sens son énergie venir en moi. Le chien Scottie dit qu'une des raisons pour lesquelles ceci est arrivé est que je suis si attentive que je suis presque trop consciente des sentiments des autres, avant d'être prête à pouvoir m'en débrouiller. Je sers de miroir aux sentiments des autres et les sens à l'intérieur de moi. Il dit que je dois être prudente et ne pas essayer de regarder si profondément dans les autres en ce moment. Je dois apprendre à réagir à tous mes sentiments d'abord, rapidement. L'ourse rit et me dit que je ne dois pas jouer au conseiller jusqu'à ce que je puisse me conseiller moi-même.

Le soleil brille. Il fait chaud. Je peux voir mon goéland qui vole alentour, faisant toutes sortes de pirouettes et de plongeons. Le chien Scottie lui dit qu'il ferait mieux de se calmer un peu. C'est sans doute génial d'être libre mais il doit aussi utiliser sa tête et être prudent.

C'est la première fois que je vois Alligator depuis longtemps. Il dit qu'il a dormi longtemps et qu'il est temps qu'il aide le léopard à propos de certaines de mes réactions ; il est temps que je sois consciente qu'il pourra prendre contact avec moi à propos de certaines de mes réactions. C'est une sorte de mystère. Il ne me dit pas quelles sortes de réactions. Il dit que je saurai. Il dit que par le passé, il a dû m'envoyer beaucoup de douleur parce que je n'avais pas écouté mes signaux internes ni laissé venir mes réactions. Il dit que l'ourse m'enverra toutes sortes de signaux, comme elle fait toujours, avant que je m'attire des ennuis, et si j'autorise le léopard à faire son travail avec sa célérité naturelle je ressentirai de moins en moins de peine. C'est tout ce qu'il a à me dire. Il s'en va maintenant.

Je me sens reposée et plus forte. Nous sommes tous quatre étendus au soleil en contact les uns les autres. Ourse est à nouveau forte. Le chien Scottie veut s'amuser avec un jouet. Léopard est prêt à l'action.

Ourse dit que je devrais être prudente et essayer de passer du temps avec eux avant de prendre de grandes décisions qui pourraient être effrayantes. Que je suis très vulnérable à ce point de mon évolution. «Tu peux regarder les gens autour de toi comme un miroir de toi-même uniquement, pas comme un outil pour changer quiconque à part toi.» Ourse doit aller voir son bébé, elle va donc partir maintenant. Elle laisse son bébé explorer le monde comme j'explore le mien, et c'est une part de l'évolution. Elle ne sera pas toujours là.

Je prends Scottie et nous marchons avec Léopard. Léopard dit qu'il est temps pour lui de partir, mais qu'il sera avec moi. Quand je ne sais pas quoi faire, je dois prendre une profonde inspiration et laisser faire. Il fera le travail. Je dois lui permettre d'arriver. Scottie me rafraîchit la mémoire et dit qu'il n'y a pas si longtemps lui et moi étions seuls. Il veut que je me souvienne toujours d'où je viens parce que c'est un endroit très différent de là où nous en sommes aujourd'hui. Avant nous étions séparés. Il travaillait dur et je travaillais dur, mais nous n'étions pas ensemble. Maintenant nous sommes ensemble. »

Au début de notre séance suivante la semaine d'après, Sue me dit qu'elle avait été capable de partager ouvertement, d'exprimer de l'émotion, et de pleurer avec un ami durant la semaine précédente.

Elle n'avait jamais fait ça avant, sentant toujours qu'elle devait être forte, que les émotions ne devaient pas être ouvertement affichées.

Dans sa visualisation, l'alligator voulait savoir comment on se sent de laisser sortir certaines émotions. Il était excité de savoir qu'elle avait pu le faire.

« C'est une chose de connaitre mes émotions et leur origine, mais les laisser sortir est quelque chose que je n'ai jamais fait. Il va m'y aider. Pas seulement pour laisser le léopard prendre rapidement des décisions à partir de mes émotions, mais pour exprimer mes émotions. Ne pas laisser sortir nos émotions est aussi mauvais que de ne pas agir dessus.

Il veut que je me souvienne de la dernière fois que nous avons parlé – du fait que si tu ne laisses pas sortir tes émotions ou ressentir ce que tu sens, tu obtiens de la douleur. C'est une autre façon de se libérer ou de gagner en énergie.

Le chien Scottie arrive en courant et à l'air content que j'apprenne à partager mes émotions. Être capable de partager de la tristesse ou de la confusion est aussi un signe d'évolution. Je ne dois jamais feindre ce que je ne ressens pas. Je feins d'aller bien quand je ne vais pas bien. Quand je reçois des signaux et autorise mon corps à réagir à ces signaux, une autre étape est de savoir quand lâcher prise sur certaines choses.

Le chien Scottie dit: «Pense à ta mère, à quel point la plus grande part de son monde est un semblant de ce qui n'est pas vraiment en train d'arriver ou de ce qu'elle n'est pas en train de ressentir. Elle joue à aller bien quand elle voudrait en vérité crier qu'elle ne va pas bien.» J'ai grandi dans ce jeu, maintenant je dois grandir et en sortir.

Il dit: «Pense à ce que ta mère a dit il y a quelques jours.» Je demandais à ma mère pourquoi elle ne communique pas ce qu'elle ressent, pourquoi elle ne tient pas tête à mon père. Sa réponse a été que si elle l'avait fait il y a longtemps, ils ne seraient probablement plus ensemble aujourd'hui.

Nous partons rencontrer les autres animaux. Léopard et Ourse sont à leur endroit habituel dans la forêt. Le léopard veut me ramener dans une séquence d'événements. Léopard dit qu'Ourse m'a donné le signal d'un malaise. Mes décisions étaient de me débarrasser de ce malaise et de le laisser m'amener rapidement vers un endroit où je pourrais libérer ces émotions ; l'alligator libérait les émotions et le chien Scottie me faisait savoir que tout allait bien. C'est bien d'avoir des souhaits et des besoins plutôt que d'essayer de supporter les souhaits et les besoins des autres. Ourse dit que j'ai toujours vécu comme s'il était meilleur de donner que de recevoir et donc je ne me suis jamais permis de recevoir. Si tu ne te libères pas, tu ne peux pas recevoir. Donc c'est comme si je tombais toujours en panne de carburant.

Goéland nous rejoint. Il me dit qu'il est bon de pouvoir penser clairement. J'ai senti beaucoup de confusion cette semaine à propos de certaines choses que je dois faire et Goéland me dit que je rends les choses plus confuses encore. Goéland me dit de faire selon ma première impression, que d'habitude notre instinct premier est le plus valable. Quand je réfléchis et réfléchis, il vole en tournant en rond. Notre instinct premier, bon ou mauvais, économise beaucoup de temps et d'énergie et est habituellement correct. Les décisions sont des actions rapides, et non pas penser et penser. Il s'envole, disant: «Pas de réflexion cette semaine. Fais selon tes premières impressions.»

Je suis allongée contre mon ourse. Elle est très calme. Elle me dit que pendant tant d'années je me comportais comme le fait son ourson. Elle a essayé d'obtenir qu'il fasse des choses à plusieurs reprises. Elle a essayé d'obtenir qu'il reste près d'elle et il s'enfuit en courant. Quand je reste près d'elle, les signaux sont distincts.

Le chien Scottie dit qu'il n'y a pas de mauvaise émotion. Il n'y a même aucune mauvaise pensée. Ce sont les actions qui doivent parfois être changées. Qui je suis est fait de tout ce qui est en moi. Le chien Scottie dit: «Tu veux une vie ou juste des sourires ? Tu veux être capable de te prendre en charge uniquement quand tu es tout sourire ?»

Non, ce n'est pas ce que je veux. Je veux être capable de traiter avec mon moi entier. Scottie ne veut pas que je sois dure avec moi-même.

Le chien Scottie dit que je n'ai pas de notion pour gérer les sentiments de blessure ou de tristesse. Tu ne peux pas trouver ton chemin à travers les U.S.A si tu n'a pas de carte routière. Ou bien si tu ne peux pas lire la jauge de ta voiture, tu te retrouveras en panne sèche. Mes émotions sont tombées à court de carburant.

Je réalise que quelque chose est en train de se passer. Dans ma gorge à la place du crapaud, il y a un cobra royal. Et cela m'effraie. Je suis en train de me serrer fort contre mon ourse. Mon ourse dit de ne pas avoir peur. Qu'ils veulent que mes émotions sortent de ma bouche comme si elles étaient rusées, rapides et venimeuses, ainsi j'apprendrai rapidement à exprimer mes émotions. Le cobra n'est pas dangereux à moins qu'il ne morde.

Voici venu le temps de me débarrasser du danger à l'intérieur de moi et d'arrêter de m'empoisonner. A la plus petite tape, au craquement le plus léger, le cobra est prêt à frapper. Je dois suivre cette voie, non dans le but de faire mal aux gens ou d'être cassante avec des mots, mais seulement dans le but d'être rapide et de me débarrasser de ce qui m'empoisonne, précisément. Je vais peut-être découvrir des choses sortant de ma bouche dont je ne voulais pas qu'elles sortent, mais elles vont sortir.

Ourse dit qu'elle utilise parfois des serpents pour son petit, pour lui apprendre qu'il doit s'en tenir à l'écart et que le danger peut être très rapide.

Je déteste vraiment les serpents. Ourse dit que c'est exactement pour cela que le cobra représente mes émotions. Parce que je déteste que quiconque sache que je les ai. Le serpent est parti maintenant.

L'ourse dit de ne pas avoir peur du serpent. Que s'il devient incontrôlable, eux seront là. Ils sentent qu'ils doivent faire quelque chose de radical pour moi, pour que je devienne attentive aux nombreux moments où j'ai voulu évoluer mais n'ai pas voulu me laisser aller aux émotions, à les faire connaître aux gens. Que je dois rester proche d'eux car c'est un réel point de danger.

Je dis à mon ourse que je ne peux surmonter la sensation qu'une espèce de reptile est en moi, que je vais en cauchemarder. Elle dit: «Ne t'inquiète pas. Nous voulons que tu y penses.» Que ne pas montrer mes émotions va vraiment me tuer, si je n'apprends pas à le faire. Qu'aussi longtemps que je partagerai mes émotions et ne les laisserai pas grandir, ce reptile ne sortira pas, car je l'utiliserai à l'intérieur pour attaquer ces choses et m'en débarrasser. Mais si je ne le fais pas, je sentirai une grande peur en moi, un mal-être, des nausées.

Nous travaillons tous ensemble maintenant.

Léopard dit qu'il veut que je lui touche la tête, que je m'allonge de dos sur l'ourse et qu'il me sentira pleine d'énergie ; quand j'aurai une lumière blanche, scintillante autour de tout mon corps, je pourrai le lâcher. La lumière est une protection. C'est un champ d'énergie. Et dans ma main droite il a mis une épée. Et l'épée est pour me protéger contre mes émotions et contre le reptile. Maintenant je me sens en sécurité. Je sens ce cercle scintillant.

Le léopard dit que je suis prête à affronter la journée. Il veut que je leur dise au-revoir. »

A notre séance suivante, Sue avait une nouvelle coupe de cheveux. Elle paraissait plus solide que jamais auparavant. Elle me dit qu'elle avait porté la lueur dorée toute la semaine et avait été en relation avec des gens qui étaient en peine mais sans avoir l'impression qu'elle devait faire quelque chose pour leur douleur ; elle ne s'était senti aucune responsabilité dans leur douleur.

Quand sa visualisation commença, elle dit : « Les animaux sont tous là, ils font une fête. Ils sont tous heureux et pleins d'énergie, tous rassemblés pour me saluer. Léopard est le premier à me saluer. Il veut savoir ce que ça fait d'avoir assez de puissance pour faire toute chose que je choisis de faire. Je pense que c'est génial. Lui aussi. C'est comme si tous mes animaux étaient pleins d'énergie.

Et voilà le goéland. Ça a été si super qu'il ait été capable de penser. Je n'ai tergiversé sur rien. J'ai réagi.

Ils veulent tous parler immédiatement. Ils veulent tous obtenir mon attention immédiatement.

Le chien Scottie dit: «Tu ne te sens pas fatiguée aujourd'hui, n'est-ce pas ?»

Non. Je n'ai pas été déchirée par les choses. Je ne me suis pas inquiétée pour des décisions. Je les ai juste laissées couler.

Léopard est curieux de ma relation avec le cobra. J'ai toujours très peur du cobra. Je ne veux pas qu'il apparaisse. Mais quand il apparait, je suis consciente que j'ai quelque chose à faire et je le fais. Léopard sourit.

«Maintenant tu sais pourquoi j'ai utilisé le cobra. Est-ce que tu sais maintenant comme cela peut aller mieux si tu ne t'accroches pas à ces choses ?»»

« Combien de temps le cobra va-t-il rester ici ? », je demande.

Léopard dit: «Aussi longtemps qu'il le devra. Aussi longtemps que tu auras besoin d'un rappel pour devoir agir.»

Alligator est en train de me pincer les chevilles. Il dit qu'il se sent vraiment bien de n'avoir pas eu à me mordre. Je le laisse faire son travail. Il ne veut vraiment pas que j'éprouve de la souffrance. Il va super bien quand il peut faire ce qu'il doit faire.

Girafe se mire dans un grand étang limpide comme du cristal. Maintenant je sais ce qu'elle fait. Elle est fière d'elle, elle s'aime. Elle n'est plus hors d'elle comme avant. Elle était toujours nerveuse comme si quelque chose allait lui sauter dessus ou la tuer. Elle est très différente maintenant, comme si elle sortait d'un endroit grand et sombre. Elle est comme un petit enfant.

Mon ourse veut que je vienne la voir. Je lui fais un gros câlin. C'est vraiment un chouette animal. Elle dit que j'ai rendu son travail moins coûteux tout le temps. Elle a eu plus de temps pour prendre le soleil ou ramasser des baies. Elle n'a pas eu à me sauver d'un dilemme toutes les deux minutes. Elle n'est plus sarcastique du tout.

Elle est en train de dire qu'elle veut que je devienne attentive et plus patiente avec ma mère, et que je la laisse être elle-même, qu'elle va bien. Que j'essaie de ne jamais être brusque avec elle. Et consciente des couleurs autour d'elle. Que quelqu'un me dira ce que ces couleurs signifient.

Je lui ai dit que je deviens si consciente de chaque défaut de mon père et que je n'aime pas ça. Elle dit que bientôt je vais travailler sur ce que j'aime quand je saurai ce que je n'aime pas. Lorsque je deviens consciente des couleurs des gens doux, comme avec ma mère, je vais devenir plus attentive pour voir les couleurs des gens qui sont durs. Cela viendra plus tard. Je dois tenir un journal cette semaine de tout ce que je vois et je ne dois pas avoir peur de percevoir et de toucher ces couleurs. Et bientôt, je serai consciente de la teneur de ce doux halo blanchâtre autour de moi.

Léopard glisse sa gueule sous mon bras. Il me dit de m'assoir en lotus et à nouveau met ma main gauche sur sa tête. Et à nouveau je sens cette énergie qui circule même plus fort par mon cercle d'énergie, et dans la main droite j'ai toujours mon épée.

C'est une épée dorée. C'est une épée spéciale avec une lame à double tranchant : un côté pour la force et l'autre pour l'empathie et la bonté. Elle est la force de faire ce que je dois faire, et je peux aussi l'utiliser lors de combats, et je dois savoir quel côté utiliser. Et toute ma vie j'ai eu une épée à un seul bord.

Je me sens proche de tous mes animaux, mais très spécialement de ce léopard. Léopard dit que j'ai été très proche d'eux et que je me rapproche tout le temps. Je suis en train de m'endormir mais au final je suis encore capable d'établir un contact avec Scottie. Il me dit qu'un jour, je serai capable de contacter chacun d'eux quand j'aurai besoin. »

LE PONT ET L'EPEE

A ce moment de la thérapie, j'ai acheté un magnétophone et commencé à enregistrer les séances d'imagerie. Les trois séances à venir, qui sont aussi les trois dernières que j'ai faites avec Sue, ont été retranscrites directement à partir des cassettes enregistrées lors des séances. Les chapitres précédents sont issus de notes écrites, et grâce à l'intonation aisée de Sue pendant son imagerie, j'ai pu donner un compte-rendu fidèle de notre travail ensemble. La différence qui apparait nettement est dans le discours de Sue à l'ouverture des séances, avant le début des visualisations, qui est plus complet et minutieusement rendu à partir des cassettes.

« Mes animaux m'ont dit que je devrais faire attention aux couleurs autour des gens, mais je n'en ai vu aucune. J'en suis arrivée à la conclusion que je ne dois pas forcer. Peut-être en apprenant à mieux connaitre ma mère par l'imagerie je commencerai à les voir. Je peux sentir son adoucissement maintenant. Je perçois mieux à partir de mes impressions.

J'ai été plus que jamais en contact avec mes animaux. Quand je souhaite les rencontrer je me retrouve avec eux. Je n'ai plus besoin de passer par la relaxation. Ça a vraiment été bizarre, parce qu'avant j'avais toujours besoin de m'allonger. Puis j'étais juste capable de contacter le chien Scottie, ensuite ça coupait et je m'endormais. Mais maintenant quand je souhaite rencontrer l'un d'entre eux, c'est comme si je pouvais poser ma main sur lui. Je suis vraiment sensible maintenant.

Voilà comment toute ma semaine s'est passée, ça a été une chose après l'autre. Lundi je suis allée à la poste et il y avait une lettre de l'université X. J'ai alors pensé qu'il y a seulement dix-sept personnes acceptées sur deux cents candidats pour le cursus en conseil de l'université X ; je n'avais jamais pensé avoir une chance d'obtenir une place. J'ai ouvert la lettre en pensant: «Et bien, c'est ma lettre de refus». Et la première ligne était «Vous êtes acceptée pour le programme de conseil». J'ai dû la lire cinq fois. Ça ne pouvait pas m'entrer dans le crâne que j'avais été acceptée, si je voulais y aller. Donc Mardi j'y suis passée et je leur ai parlé, et c'est comme si ma voie était d'aller là-bas. Ma charge de cours serait de dix ou onze heures hebdomadaires par trimestre.

Et puis j'ai pensé : «Est-ce que je veux y aller ?» Et: «Oui, je veux y aller». Et puis j'ai pensé: «Bien, je dois donc avoir un travail». C'est comme si j'avais placé tous ces petits blocs sur mon chemin et que Dieu les enlève plus vite que je ne les pose. Je me suis rendue au bureau et la directrice des ressources humaines m'a donné le nom de personnes qu'elle connait qui pourraient me proposer un travail.

Mon épée et ma batterie d'énergie : je deviens de plus en plus consciente d'eux en permanence. Quand j'ai des ennuis tout mon corps devient chaud et alors je dis ce que je ressens. Parfois je pense: «Que dire pour ça ?» Mais c'est quasi spontané. Si je ressens une impression et que c'est quelque chose que j'ai besoin d'exprimer, je le dis, que ce soit à un ami ou à quiconque.

J'ai passé une semaine à écrire un essai sur l'alcoolisme et je l'ai présenté à un professeur. Il a commencé à le corriger : «Maintenant, vous devez faire ceci, vous devez faire cela, nous n'avons pas besoin de connaître ces étapes, changez-les pour que cela vise une personne à qui vous vous adresseriez dans votre essai plutôt qu'un groupe, changez-en les termes.»

J'ai dit : «Je ne peux pas faire ça, Monsieur.»

Et il a dit: «Ah bon, pourquoi ne pouvez-vous pas ? Et en plus de ce que vous dites, vous avez écrit qu'il n'y a pas de programme complètement réussi sans entrer dans les AA[1]. Il n'y a jamais d'impossible !

Et j'ai dit: «Pardon ? Pouvez-vous me dire ce qui vous rend apte à parler ainsi ?»

Il dit: «Et bien, je n'ai pas besoin d'être qualifié.»

J'ai dit: «Bon, je vais vous dire quelque chose. Moi je suis qualifiée pour le faire parce que je suis une alcoolique en rémission depuis huit ans, et voilà huit ans que je suis le programme des AA. J'y ai vu beaucoup de gens venir et repartir, et nous avons enterré beaucoup de gens qui pensaient qu'ils n'avaient pas besoin de ce programme.»

Et il s'est excusé devant tout le monde. Il a fait marche arrière comme si je l'avais fait reculer devant un mur. Il a dû me dire pendant une demi-heure combien il était désolé et il en est venu à parler de sa femme et de sa famille qui étaient tous alcooliques, comment elle est dérangée juste avec une bière ou deux, et combien tout ce qui sort de l'ordinaire alors l'effraie. Et il m'a demandé ce qu'il pourrait faire et comment il pourrait le gérer. Une situation incroyable. Puis il m'a rendu ma copie après l'avoir entièrement corrigée. Je l'avais soigneusement tapée, et il a dit: «Je suis

---

1   Alcooliques Anonymes

108

vraiment désolé. Je dois être plus prudent et ne pas me ruer sur les gens sans reconnaitre qu'eux savent d'où ils viennent.»

Et je lui ai dit: «Oui, vous devriez. Parce que j'ai écrit ceci avec mon cœur et mon expérience, parce que j'en étais là et que maintenant j'en suis ici. C'était vraiment terrible pour moi que vous attaquiez mon programme, qui est la raison qui me permet d'être ici et d'être capable d'écrire ceci.» Et il m'a rendu ma copie comme un tout petit en disant: «Je suis vraiment désolé d'avoir écrit dessus.»

Et j'ai dit : «Bon, Dr. - , si vous comptez sur moi pour le retaper ce soir, oubliez, je ne vais pas le faire.»

Il a dit : «Vous avez jusqu'à lundi pour le faire.»

Voilà ma batterie et mon épée. Voilà ce qui m'arrive maintenant. Si je me mets dans une situation, j'y fais face immédiatement. Et si c'est inconfortable, je vais m'en débrouiller. C'est presque comme si je n'avais aucun contrôle sur le fait de le gérer ou de ne pas le gérer.

Auparavant, quand des gens ont attaqué mon programme, je me suis assise et les ai laissés parler des alcooliques alors que j'aurais voulu sauter debout et dire : «Vous ne savez pas de quoi vous parlez !» Mais je ne l'ai jamais fait. Ça a toujours été comme : «Bon, si vous dites que vous êtes un alcoolique, vous prenez un risque pour votre position sociale.» Et aujourd'hui c'est comme si je sentais : «Non, c'est un atout pour la personne que je suis aujourd'hui.» Et s'ils ne comprennent pas, c'est leur problème. Et si je suis dans une situation où je me met en danger, peut-être que je ferais mieux de ne pas être dans cette situation.

Toute ma présentation est différente : qui je suis, qui je sens que je suis, et comment je m'identifie avec ce que je suis. Je commence aujourd'hui à savoir qui je suis réellement. Et j'aime ça. Et je ne veux pas le cacher.

C'est comme si je ne pouvais pas le cacher. C'est sorti de ma bouche si rapidement que je ne pouvais pas l'arrêter ni même penser : «Oh, je ne devrais pas dire ça. Ça pourrait me valoir de recevoir un F dans ce cours de faire ça.» J'ai vraiment laissé faire. Et ça a bien fonctionné. Je pense que ça devait arriver. Mais c'est juste un exemple de ce qui m'est arrivé.

L'unique chose de mon esprit que je veux essayer de traiter, avec mes animaux, ce sont ces vibrations négatives que je peux sentir sur mon chemin pour gérer ces situations. Il y a encore une part de moi qui essaie de dire : «Voilà la sécurité. Prend cette décision. Reste ici.» Et une plus grande part de moi dit: «Ouais. C'est bien. Voilà la direction dans laquelle tu es censée aller. Tu as trente-neuf ans, continue comme ça.» Et une petite voix à l'intérieur continue de dire : «Tu ne seras pas capable de trouver un travail, tu seras si effrayée, il n'y aura que des gens inconnus.» Et j'ai un moment difficile pour me débarrasser de cette petite peur. Je réalise que chacun de nous a cela, mais je pense que ce que je suis en train de dire c'est que maintenant je veux le gérer avant que ça grandisse. Je sens que ça a une tendance à grandir. Ça va, d'être un peu craintif, mais je ne veux pas que ça devienne incontrôlable.

Je ne sais pas si ça fait trop à gérer, mais je veux aussi arrêter de fumer. Je suis capable de mettre les cigarettes de côté pour deux ou trois jours, et puis la première chose que je fais est d'en fumer une ; je déteste ça et je veux arrêter. »

A ce moment nous avons fait la brève relaxation avec laquelle je débute chaque séance d'imagerie.

« Prenez une profonde inspiration et fermez les yeux. Laissez votre corps se détendre en position confortable. Ressentez le contact de votre corps avec le fauteuil et avec le sol, et laissez votre corps s'ajuster pour prendre la position la plus confortable.

Et quand vous vous accordez au rythme de votre respiration, imaginez que lorsque vous inspirez vous inspirez un petit bout du ciel, très pur et très rafraichissant. Lorsque vous inspirez laissez le ciel vous emplir de ses qualités, ressentez votre être avec ces qualités. Et quand vous expirez imaginez que vous laissez partir tout ce qui est vieux, vicié et stressant, tout ce qui est prêt à être lâché, qui peut sortir aisément et naturellement. Ainsi le rythme de votre respiration devient un magnifique processus pour prendre ce qui est frais et pur, et laisser partir ce qui n'est plus nécessaire.

Laissez votre imagination s'ouvrir et devenir réceptive, et allez à la rencontre de vos animaux où qu'ils soient, et dites-moi quand vous les voyez. »

« Je suis avec eux. En réalité, j'étais avec le chien Scottie tout le temps où vous me guidiez dans la relaxation. Il sautait en l'air, ne pouvait attendre que j'arrive. A chaque fois que je le rencontre, c'est comme un sentiment d'avoir été loin de chez soi pendant un certain temps, et toute l'anxiété et l'excitation à l'idée de rentrer à la maison. Eh bien, il y a comme une excitation dans l'air, dans la brise, dans les feuilles des arbres. C'est comme si notre forêt était illuminée d'énergie et de force. Mon chien Scottie est si excité aujourd'hui. Je vais lui demander ce qui l'excite autant.

Il est excité de toutes les portes qui s'ouvrent en moi. Il ne va pas rester tranquille aujourd'hui. C'est comme si j'étais partie longtemps, il est si excité et il saute autour de moi. Je l'ai attrapé en plein vol au cours d'un de ses sauts. Toute la forêt est excitée à propos de mon évolution et de mon énergie. A propos de mon désir de m'apporter autant que j'apporte aux autres. Chaque zone de ma vie a grandi. Il se demande si je le sais. Et je le sais.

Il est très excité par le fait que je travaille avec Maman. Voilà ce qui l'excite vraiment.

Il dit que nous avons toujours eu besoin d'être capables de donner. Mais comme nous ne savions dans quel domaine ou dans quelle direction donner, nous avons toujours donné de nous-même, plutôt que de notre force, parce que nous n'avions pas de force à partager. Et que je peux apprendre à partager ma force sans renoncer à une part de moi-même. Que ma force est tout ce que je peux vraiment donner aux gens, avec mon expérience et mon espoir. La seule chose tangible qu'ils peuvent recevoir, c'est ma force. Mes espoirs ne sont plus leurs espoirs, jusqu'à ce qu'ils aient de la force. Et mon expérience est seulement un pont pour m'attacher à leur pont. Notre expérience commune a pour but de savoir comment marcher sur le chemin d'un autre.

Le chien Scottie dit que j'ai toujours eu un don magnifique pour lire dans les gens. Il dit que je réussis à comprendre des gens que je connais à peine, et quasiment à me glisser en ceux que j'aime beaucoup. Et la douleur est quasiment la même. Et ce qui est similaire c'est que je leur permets de tirer de ma force. Voilà la tâche que je dois connaître, ressentir, découvrir. Si je comprends quelqu'un de l'intérieur, c'est-à-dire dans son corps, ses émotions, et lui permet de m'attirer dans sa douleur, et bien je perds ma force – enfin c'est ce qui m'arrivait toujours. J'avais très peu au départ, mais quand j'étais harponnée, et bien je n'avais plus rien.

Il est en train de me dire que j'extrais de la force de chacun, et que je commence à avoir des relations dont on tire de la force. Il y a beaucoup de force dans la souffrance. Je demande à mon chien Scottie ce que je dois faire avec ces gens. Il dit : «Sois un guide,» de la même façon qu'il a été mon propre guide: «jusqu'à ce qu'ils aient leurs propres guides.» Et je vais me retrouver à grandir de plus en plus ; plus je donne plus je grandis. Comme s'il y avait un petit chauffage à l'intérieur de moi.

C'est drôle, le léopard est presque en train de mettre sa grosse patte dans la bouche du chien Scottie. Un peu comme: «C'est mon tour. Je veux lui parler, moi aussi.»

Mes mains sont très chaudes maintenant, comme si j'étais énergisée. Le léopard a une radiance d'énergie autour de lui. Il me demande ce que ça fait de sentir la chaleur avec lui. En fait, la chaleur avec tous mes animaux. Je pense que c'est génial. J'adore sentir mon léopard ; il est si velouté, si lisse, si fier. J'ai envie de lui faire un gros câlin. « C'est incroyable, en le câlinant mes mains deviennent encore plus chaudes. C'est vraiment comme si elles irradiaient de la chaleur maintenant. Sans doute qu'elles le font. Il veut que je devienne de plus en plus consciente de combien il est puissant. Combien il a de force et de contrôle.

Il me demande si j'ai vu le serpent. Je dis que non. Je n'ai pas même pensé au cobra royal cette semaine. Je ne l'ai pas vu et je sais pourquoi. Parce que je réagis à mes émotions. Presque comme si elles sortaient avant que je pense à elles. Je lui demande juste s'il pourrait arriver que je dise des choses que je ne devrais pas dire. Il dit que non, qu'il est au contrôle. Il dit qu'il n'y a vraiment aucune émotion qui ne vaille d'être exprimée au moment où je la ressens. C'est ma réaction qui parfois nécessite d'être changée.

Il me ramène à un instant de cette semaine, quand j'ai senti de la souffrance à exprimer une émotion. Il me demande si j'ai changé mes réactions à cette douleur. Oui, je l'ai fait. Il était nécessaire de traiter avec cette personne sous un jour différent. C'est ce que j'ai fait. Et je me sens plus à l'aise maintenant.

C'est comme si je jetais un coup d'œil à la semaine dernière. Je suis allée directement d'ici m'assoir dans le bureau du Dr. _. Les mots qui me venaient en tête : «Je ne regrette pas le passé et je ne veux pas refermer la porte dessus.» Ce que cela signifie pour moi est que j'accepte qui je suis. Et je ne veux pas fermer la porte sur qui je suis, même sur mon alcoolisme, ou sur le fait que je pleure facilement, ou quoi que ce soit d'autre. Le passé est qui je suis, ou une part de qui je suis aujourd'hui.

Il dit que j'ai un peu tort là-dessus. C'est plutôt : «Je ne veux pas revivre le passé, ni fermer une porte sur lui.» J'ai entendu ces mots quelque part, je les ai lus quelque part. Une des promesses des AA. Après l'étape neuf.

Il dit que je devrais lire ces promesses chaque jour, parce que chacune d'elles est devenue vraie pour moi. Ma peur de l'insécurité financière m'a quittée. Ça ne veut pas dire que j'ai un million de dollars à la banque, ça veut seulement dire que je sais que je peux me débrouiller quoiqu'il arrive.

Il vient de poser sa patte sur ma jambe «parce qu'il sait que je viens de parler d'une chose très importante». Je n'avais jamais pensé dire ça un jour, mais maintenant je sais, peu importe, je m'en débrouillerai. C'est génial de sentir et de savoir ça. Que cette peur soit partie. Je veux lui parler de ces petites peurs.

Mes animaux commencent à... – ils semblent tous ne pas obtenir ce qu'ils veulent. A la minute où j'ai dit cela, mon goéland est arrivé en volant, et s'est perché pile sur mon léopard. Mon léopard le pousse avec sa patte, comme s'ils se battaient pour la première place aujourd'hui, c'est incroyable.

Le goéland me réprimande pour une chose : il faut arrêter d'avancer et de reculer. Je sais quel programme est le plus facile pour moi, le meilleur pour moi. C'est vraiment mieux si je vais à l'université X. Qu'est-ce que je suis en train d'essayer de faire, rester ici et me tuer moi-même, en essayant de prendre toutes ces heures ? Il est vraiment irrité contre moi. C'est presque comme s'il agitait une de ses pattes, comme on fait à un enfant quand on agite sa main devant lui.

Il dit : «Arrête de tourner autour du pot, reprend confiance en toi et fais-le». Il dit que nous serons là-bas tous ensemble. Je n'y serai pas seule.

Auparavant quand je déménageais ainsi, j'étais seule parce que j'étais seule en moi. Je n'avais pas d'amis, je n'avais pas confiance, pas foi en moi-même, juste un paquet d'angoisse. Il dit que maintenant je n'ai plus ça ; ce que j'ai, c'est une appréhension pour prendre la bonne décision. A trente-neuf ans, tu ne peux pas te permettre d'échouer. Voilà ce que je gère.

Il dit : «Oui, voilà une peur.» Au boulot je l'examinerais logiquement, certaines choses sont logiques. Si je dois le faire, je pose les deux solutions sur deux feuilles de papier différentes. Je regarde la charge horaire, les bénéfices, les inconvénients. Et celle qui obtient le plus gagne. Aussi simple. Et ensuite une fois que je prends la décision, la décision suivante c'est de passer à autre chose et d'obtenir un travail. Et puis quand j'ai un travail, je déménage. C'est une démarche séquentielle, tout n'est pas emberlificoté.

On dirait un vieux petit professeur qui me dit maintenant comment faire. C'est si drôle, d'habitude il n'est pas comme ça. Maintenant il me dit qu'il a trop de choses à faire pour continuer de parler avec moi. Voilà ce que j'ai à faire, je n'ai qu'à le faire. Il est fatigué d'être interrompu tout le temps par ces allers et retours dans mes idées.

Il dit que j'agis mieux mais maintenant il s'irrite vraiment et facilement. Il dit qu'il ne le voulait pas, mais c'est comme s'il avait été enfermé pendant si longtemps que quand il obtient une petite liberté, il la veut tout le temps. Ce n'est pas que je ne sois pas dans les temps, c'est juste qu'il veut en permanence voyager sur ses grandes ailes parce qu'il aime avoir beaucoup de temps pour jouer.

Mon ourse part immédiatement dans quelque chose de différent. Elle dit que je dois être très douce avec ma mère. Même si elle sait que le meilleur endroit pour moi est là-bas, en Californie, elle passe un mauvais moment, à envisager de me laisser partir. Et je peux l'aider doucement à exprimer cela. J'ai toujours été là pour elle, et peut-être je peux l'aider à apprendre à être là pour elle-même. C'est un temps particulier que ma mère et moi nous allons partager, et elle va grandir parce qu'elle veut grandir. Mais je dois être spécialement prudente à ce moment où elle me laisse partir. L'ourse dit qu'elle a déjà ressenti ça pour moi, le lâcher prise, quand j'ai laissé partir Bobby. Et je vais encore lâcher Bobby. Alors je sais ce que ça fait. Ainsi je peux être plus sensible à ce que ça fait à ma mère maintenant. Juste être prudente, lente, et douce avec elle. Elle a besoin de beaucoup d'attentions.

Mon alligator vient de grogner pour obtenir mon attention. C'est vraiment drôle : il fume un cigare. Il dit : «J'ai l'air bien ridicule, hein ?»

Ouais, il est vraiment ridicule.

Il dit que c'est pour dire combien il est ridicule pour moi de fumer.

C'est vraiment bizarre parce que je ne leur en ai pas du tout parlé. Du moins pas à l'alligator. Parfois, je l'appelle alligator et parfois je l'appelle crocodile. Je lui demande ce qu'il est réellement. Il dit : «Alligator, crocodile, alligator, quelle différence ?» Il est vraiment drôle aujourd'hui.

Je lui demande de parler sérieusement de mon tabagisme.

Il dit que c'est une issue émotionnelle à l'anxiété, que je fume pour tout problème. Que je ne fume pas parce que j'aime ça, que j'apprécie ou ces sortes de choses. Je fume contre lui. Comme lorsque vous agissez de façon détestable envers quelque chose qui vous a rendu furieux. Il dit que la raison pour laquelle j'aime de moins en moins fumer, c'est que je développe ma force contre les cigarettes. Et que bientôt, très bientôt, je pourrai les jeter. Mais ça ne sera pas aujourd'hui. Bientôt. Quand je serai prête ça arrivera, simplement. Je ne les prendrai plus. Il dit qu'il pourrait me débarrasser maintenant de cette habitude s'il le voulait, mais tant de mes petites barrières ont été enlevées qu'il a choisi de ne pas le faire aujourd'hui. C'est une de mes petites protections, et je fumerai, mais je me rapprocherai chaque jour un peu plus de l'arrêt. Il voulait que je sente combien c'est ridicule. Et en soi c'est suffisant pour aujourd'hui. Ça vient, c'est pour bientôt.

Il crache le cigare. Il dit qu'il voudrait être sérieux une minute. Je n'ai jamais pensé à lui comme étant drôle mais il est vraiment drôle aujourd'hui.

Lui aussi me ramène en arrière dans une situation. Il dit: «C'est bien, tu as fait un bon travail. Personne n'a coupé court à nos émotions, personne n'a dit ce n'est pas bien ; nous avons fait ce que nous sentions, dit ce que nous sentions, et c'est bien.» Aha ! Il me dit: «Tu dois toujours faire attention à ce que les autres ont le droit de le faire, eux aussi. Deux personnes peuvent avoir des sensations opposées sur le même sujet, et celles de l'autre sont bonnes, les tiennes aussi. C'est la capacité de permettre à l'autre personne de ressentir les siennes aussi, et puis de te permettre de ressentir les tiennes.» Et plus je vais m'accorder à mes sensations, plus je vais faire attention au fait que les autres personnes doivent ressentir les leurs. Je vais travailler un peu là-dessus cette semaine. Il dit que je suis parfois trop dans l'urgence envers les autres pour savoir comment je me sens, et je n'écoute pas comment ils se sentent. Je dois essayer ça, un peu.

Ma girafe remonte le chemin en courant. Elle a des fleurs collées dans les cornes, ses petites cornes près des oreilles. Elle était dehors en train de s'admirer. Elle dit qu'elle est vraiment désolée d'être en retard, mais être en retard pour s'être fait du bien, pour une fois, c'est bon. «Casse quelque vieille habitude,» dit-elle. «Fait quelque chose d'un peu différent, sois un peu différente. Les gens ne comprendront pas parce qu'ils ont tellement l'habitude que tu fasses les choses d'une certaine façon à certains moments.»

Elle a vraiment beaucoup changé. Elle était si effrayée, si terrifiée. Elle courait tout le temps. Les muscles de son dos étaient tendus, et on pouvait les sentir bouger. Elle n'est plus du tout comme ça. Plutôt insouciante, drôle. Elle dit qu'elle est vraiment contente pour nous.

Je remarque que tous mes animaux disent «nous». Ce n'est plus eux et moi, c'est nous. Nous faisons ceci et nous faisons cela. Nous ensemble. Je ne les vois plus en tant que part de moi, je les regarde comme moi. Ils sont moi.

Et quand je les regarde je suis au-dessus d'eux et je regarde vers le bas. Ils forment une sorte de bande géniale, de la chaleur et de la force.

C'était une expérience bizarre ! Je suis brusquement tombée par terre ! Le léopard dit qu'il est vraiment désolé, il a perdu sa concentration pendant une minute. Il devait m'avoir portée vers le haut. Il veut simplement que je sois vigilante. «Ne crois pas toujours ce que tu vois, mais tu peux toujours avoir confiance dans ce que tu ressens. Apprend à atterrir sur tes pieds. Apprend que je peux ne pas être présent à cet instant, il faut que tu comptes sur autre chose.»

Maintenant il est temps pour moi de tirer de sa force encore une fois. Il m'a fait poser la main gauche sur sa tête, et il est tout contre moi. Sa tête est sur mes genoux et nous prenons de sa force. Nous sommes tous réunis en un petit cercle autour de lui, tous nos visages ensemble, concentrés sur ce que nous faisons. C'est comme si à travers moi ils étaient tous énergisés. Je sens son énergie qui me traverse.

Il me redonne mon épée dorée et il me dit de toucher chaque animal sur la tête et de leur donner aussi de l'énergie. Et quand ils viennent devant moi je bouge l'épée et je sens mon énergie couler, et ils disparaissent. Ils disparaissent dans mon épée.

Maintenant il n'y a que moi et le léopard. Il dit que j'ai tous les outils pour réussir tout ce que je veux faire. Que je commence à voir les énergies aussi bien que je les sens. Et que je dois être consciente de ce que je vois. Commencer à avoir confiance et compter sur moi-même. Qu'il ne sera pas loin de moi, pas plus que mon énergie. Et que je suis prête à affronter la semaine. Et il saute dans mon épée. »

Sue ouvrit les yeux.

« C'était vraiment puissant. Je pouvais sentir leur puissance de partout. Je ressens des frissons partout. Très vigilante. Très énergisée. Presque comme si je pouvais me lever d'ici, sortir et marcher différemment. Je me sens différente. Je ne sais pas vraiment ce que c'est. La chose qui me vient immédiatement à l'esprit est que je suis plus une aujourd'hui que je ne l'ai jamais été. C'est une sensation comme si une part de moi n'est plus là, là et là. C'est comme ça. J'ai vu mes animaux, comme des parts de moi, une assise là et une assise là, et une assise là. Et soudain c'est moi, ils sont moi. C'est vraiment puissant. Mais c'est à ça que ça ressemble. Ce n'est pas comme si je sentais les avoir quitté aujourd'hui, c'est comme si je sentais que je les porte. »

« J'ai vu quelque chose changer en vous quand ils entraient dans votre épée ; vos yeux, la couleur de votre visage, » dis-je.

« J'aimerais pouvoir le traduire en mots. C'était presque comme si je pouvais voir, sentir, mon cœur entrer en moi, et ma force entrer en moi, mon esprit entrer en moi. C'est presque comme regarder vers le bas sur soi-même et se voir se rassembler, se sentir se rassembler. Je peux sentir les poils de mes bras se hérisser mais je n'ai pas froid, simplement… je pense que c'est si écrasant, je ne pense pas que ce soit vraiment… ça ne m'a pas encore vraiment touchée, ce que je ressens en vérité, je ne me sens pas capable de le mettre en mots. Je peux le sentir ici et maintenant mais c'est si grand et si puissant, je ne peux pas poser les mots justes sur ce que je sens. C'est comme être assise là toute étonnée.

La chose la plus proche que j'aie pu sentir comme ça dans ma vie c'est quand mon grand-père est mort. Il était si proche de moi. Je l'aimais tant. Je suis sortie sur sa tombe cette nuit-là. Il faisait froid. C'était l'hiver. Les fleurs sur sa tombe étaient chaudes, alors qu'il avait été enterré depuis des heures. Et puis soudain une lumière est descendue du ciel et tombée juste sur sa tombe. Et l'instant d'après c'était fini. J'ai passé beaucoup de temps à essayer de découvrir ce que c'était. Jusqu'à ce que je me rende finalement compte que c'était son esprit. En réalité j'ai vu l'esprit de mon grand-père. Et ce sentiment écrasant de ne pas savoir ce que c'est.

C'était si puissant que ça ne pouvait être exprimé en quelques mots simples ou quelques phrases. Maintenant je me sens différente assise ici. C'est vraiment excitant. Je pourrais déplacer des montagnes aujourd'hui. C'est une réelle force.

Quand je regardais en bas vers mes animaux aujourd'hui, avant que mon léopard me laisse tomber sur le sol, c'était comme: «Voilà ma personnalité, et je l'aime, ceci est mon cœur et je l'aime vraiment,» ou mon énergie, ma force ; mon pouvoir est si brillant et doux et gigantesque, c'est génial. C'était comme si brusquement en une fraction de seconde on me donnait la possibilité de voir individuellement qui je suis, très vite avant de m'affaler. Une espèce de prise de conscience que je sentais comme si le léopard disait: «Respecte, respecte qui tu es, apprend à te tenir sur tes deux pieds, sur ce que tu es, parce qu'ils peuvent te détruire aussi si tu ne les respecte pas.» C'est ce que j'ai senti.

Je deviens en permanence de plus en plus attentive à ce qu'ils veulent dire quand ils me parlent. Presque comme si dans la conversation je connaissais l'issue avant qu'elle soit dite. Presque comme un accordage très fin. Comme si une petite ampoule s'allumait dans mon cerveau, haha, voilà où ça mène avant que ce soit dit. Ce dont ils ont parlé, déménager en Californie, cette peur de ne pas prendre la bonne décision, tu n'arrives pas à prendre une décision. Ce que je sais de ça, ce que je sens de ça, c'est que, quelque soit la décision, elle sera bonne. Les deux sont bonnes. Peu importe laquelle est plus facile à obtenir. Le goéland a si bien résumé. Les deux sont justes. Arrête d'avancer et de reculer à ce sujet, pose-les sur une feuille de papier et voit laquelle est meilleure pour toi, laquelle l'emporte.

Si tu ne peux pas faire ça dans ta tête, met le sur le papier. Et tu vas trouver. C'est si simple, mais c'est vrai.

Et l'alligator qui dit que je dois devenir attentive, bien accordée avec moi-même, que c'est bien pour moi de ressentir et c'est bien pour quelqu'un d'autre de ressentir. N'arrête pas leur croissance. Ne les arrête pas dans ce qu'ils ressentent aussi. Que vous ressentiez différemment ne veut pas dire qu'ils ont tort ni que tu as tort.

Et une autre chose qu'ils ont dite qui a vraiment résonné en moi : autorise ces personnes à sentir ce qu'elles sentent, et de la même manière, entoure-toi de gens qui te permettent aussi de ressentir ce que tu sens. Il y a des personnes qui ne vont pas le permettre, parce qu'elles n'appartiennent pas à ton espace. Tu dois en quelque sorte savoir à quoi ressemble d'être autorisé à ces sentiments ou de ne pas y être autorisé pour reconnaitre quand une personne y coupe court.

Je ne comprenais pas ça, jusqu'à ce que je commence à venir ici. Je connaissais beaucoup de gens qui coupaient court à mes sentiments. Je dois m'écarter de ces personnes. Au moins ne pas être auprès d'eux, sauf d'une façon limitée. Parce qu'ils étouffent mon évolution. Maintenant je peux être consciente de ce que sont ces personnes. Peut-être un jour ils vont grandir et nous trouverons un espace où nous pourrons communiquer.

Mais jusque-là il n'y a vraiment aucun besoin. Il y a une sorte de vallée vide entre eux et moi. Si nous ne pouvons nous rencontrer en un juste milieu et partager où chacun de nous en est, et bien il n'y a aucun besoin de partager, ou d'essayer de partager. Je ressens cela très fortement aujourd'hui. Et ainsi que je saurai quoi faire avec ces personnes. Je sens comme une nouvelle somme de connaissance que je vais tester.

Une pensée qui me vient juste maintenant est qu'à partir de maintenant quand je leur rendrai visite mes animaux devront sortir de moi pour la visite. C'est une sensation différente. Comme si je leur avais permis de rentrer à la maison. C'est puissant. Je ressens beaucoup de puissance en moi.

C'est comme si j'avais grandi de trois mètres aujourd'hui. Comme une fête en moi. Comme une grande libération, une grande libération. Je suis venue ici aujourd'hui pour mieux me connaitre. Je sens que je vais sortir d'ici avec mon moi intégral. Je ne sens pas que je laisse une part de moi ici. C'est excitant. C'est vraiment génial. »

A ce moment notre séance se terminait. La séance entière avait pris une heure quinze.

LA MONTAGNE

« Mes animaux ne font vraiment qu'un, maintenant. C'est réellement excitant. Je ne sais même pas s'ils vont sortir, parce qu'ils
sont là-dedans, ils n'ont pas de raison de sortir. Est-ce que cela a
un sens ? Je veux dire, je peux leur parler chaque fois que j'en ai
envie, maintenant. Comme la nuit dernière. Aujourd'hui je vais
partir en voiture à San Francisco, quand je sortirai de chez vous
; j'ai eu un examen important, et j'ai pu leur parler – au lieu de
sortir pour leur rendre visite, je suis entrée en moi – je ne sais pas
même si vous savez de quoi je parle – et j'ai pu les câliner et leur
parler, exactement comme si je me parlais à moi-même ; ils étaient
là, il n'y avait pas d'effort à faire. Je me suis allongée, j'ai fermé les
yeux, et j'ai commencé à leur parler et Scottie le chien était là. Et
c'était comme si je passais entre eux, mes émotions, mon animal
de puissance, toute la gamme de mes animaux, et j'avais quelque
chose à leur dire, au sujet du besoin que j'ai d'eux et de ce qu'ils
font pour moi. Et nous avons parlé du fait que nous sommes un,

que je n'ai pas besoin de les chercher, de les rechercher. Je les porte avec moi tout le temps, maintenant. Je n'ai pas besoin de descendre dans une zone particulière et de me concentrer pour les rencontrer parce qu'ils sont avec moi tout le temps, comme si nous ne faisions qu'un. C'est vraiment une sensation géniale. C'est dur d'expliquer ce que ça fait. Maintenant c'est instantané, mes émotions vont faire tilt, ainsi que mes actions lorsque je dois réagir. Si j'ai un sentiment je sais pourquoi j'ai ce sentiment.

Ce n'est plus masqué – si je souffre -, ce n'est plus masqué par quoi que ce soit, je sais que c'est de la douleur, je sais pourquoi c'est de la douleur, et je sais pourquoi c'est là. Je n'arrive pas à bien l'expliquer, mais c'est vraiment une expérience différente. C'est comme si tout d'un coup j'avais des pouvoirs que je ne savais pas que je possédais auparavant.

Hier ma mère était étendue sur le canapé, elle était endormie, et j'ai commencé à examiner son corps ; ce qui m'est venu que je n'avais jamais compris avant, et je sais que ce sont mes animaux qui me le disent instinctivement, c'est qu'elle a des peurs – je vais partir pour chercher la nouvelle voiture de mon fils et négocier l'achat de voitures avec lui, et je vais en ramener une ici et la vendre pour acheter une voiture un peu mieux que la mienne. Puis quand j'irai à l'Université de X, j'aurai un moyen de transport un peu meilleur, plus sûr. Et ma mère ne veut pas que je vende cette voiture neuve, parce qu'elle sait que tant que je l'aurai je serai plus en sécurité, et en capacité de venir à la maison quand elle aura besoin de moi. Et j'ai passé un moment difficile à lui expliquer que si j'ai une autre voiture ça fonctionnera aussi. Pendant que je l'examinais c'était comme si je pouvais entrer en elle et découvrir qu'elle n'en est pas au même stade que moi. Elle a soixante-cinq ans.

Elle ne pense pas comme moi. Et pour la première fois j'ai pu voir ma mère à l'âge de soixante-cinq ans ! Je la considérais comme si elle en avait quarante. J'ai attendu qu'elle réponde à mes questions et à mes «pourquoi pas» comme une femme de quarante ans.

Elle n'a plus quarante ans. Elle en a soixante-cinq. Elle ne pense plus comme elle pensait il y a vingt ans. C'est moi qui ai quarante ans. C'est une dame très spéciale qui vieillit, elle vieillit. Et pendant un moment c'était presque terrifiant, je pouvais presque la voir dans son cercueil. C'était un peu : «Accepte ta mère comme elle est, apprécie-la comme elle est. Tu ne peux pas la ramener à ses quarante ans, tu ne peux pas attendre d'elle qu'elle en soit encore là. Accepte-la comme elle est. Aide-la à accepter là où elle en est. C'est une petite vieille dame fatiguée.» Je n'avais jamais vu ça avant. Les années avaient toujours glissé sur moi. Je pense que c'est pour ça que je l'ai vue quasi morte. C'était comme: «Sue, voilà où en est ta mère. Ne fais pas d'elle quelque chose qu'elle n'est pas. Accepte-la comme elle est.»

Et donc j'ai séché un cours hier soir, et pendant qu'elle dormait j'ai nettoyé la maison et fait la vaisselle. Avant j'aurais regardé Maman et pensé: «Pourquoi Maman ne nettoie pas la maison comme elle en avait l'habitude ? Pourquoi Maman attend-elle le dîner pour faire la vaisselle du petit-déjeuner ? Pourquoi Maman dort-elle tout le temps ?»

Et tout d'un coup mes animaux, mon esprit, peuvent me montrer: «Elle a vieilli ! Elle est plus fatiguée ! Et tu ferais mieux de prendre conscience de ça !» Le reste de ma journée a été très émouvant pour moi.

C'est pour partie là aussi que j'en étais avec mon père. Une part de la tension entre mon père et moi est venue de mon incapacité à voir qu'il a vieilli. Ce n'est plus un jeune homme. Et j'ai voulu le ramener à ses trente ans, et lui dire «Pourquoi ne peux-tu pas réagir de cette façon envers moi ?» Ce que je n'ai pas pris en considération, c'est que mon père a bientôt soixante ans. C'est un homme plus âgé maintenant. Il est complètement différent de ce qu'il était à trente ou quarante ans, et je le regarde comme s'il avait trente ans, comme s'il n'en était pas là. Mais il en est là maintenant ! Et je n'ai pas cherché à le découvrir.

C'est comme si j'avais grandi, et tout le temps où j'ai grandi mes parents n'ont pas grandi dans mon esprit. Et soudainement j'ai

124

été capable de me dire: «Ne t'inquiète pas, c'est toi qui a presque quarante ans. Ils sont plus âgés, et tu ferais mieux de t'en rendre compte, parce que tu es en train de les regarder avec des yeux d'il y a vingt ans.»

Et la sensation est très puissante. «Réalise ! Tu as grandi. Eux aussi. Ils n'en sont pas restés là. Toi, peut-être.» Ce que j'essaie de dire c'est que pendant vingt ans je suis restée à la même place et pas eux. Et d'un coup j'ai compris où ils en sont. Et ça rend les choses totalement différentes.

Avant-hier soir j'ai rapporté des sundaes au caramel chaud en rentrant de cours, je les ai apporté à Maman et Papa, et mon père était comme un petit enfant: «Comment as-tu su ce qui me faisait envie ? C'est pile ce que je voulais !» C'est comme si on avait enlevé encore une autre couche de cet écran entre nous. »

« Et comment est-ce arrivé que vous lui apportiez les sundaes ? » lui demandai-je.

« Parce que je savais que ça le rendrait heureux. C'était un truc chouette à faire. Mais avant je n'avais pas voulu faire ces choses, maintenant je veux les faire. Et c'est une sensation agréable.

Il y a une prise de conscience, une croissance et une puissance dans l'imagerie qui est très belle. J'étais au lit hier soir et je parlais à mes animaux – je choisis d'y penser comme d'une conversation avec mon âme, avec des parts de mon âme – et je demandais au léopard «Remplis-moi à nouveau de ton énergie.» Et je pouvais être allongée là, et voir et sentir l'énergie. J'ai mis mes mains autour de lui et j'ai senti mes mains commencer à chauffer, et la chaleur s'est étendue à mes bras et à mon corps entier, et a gagné jusqu'aux pieds, et pourtant j'ai toujours froid quand je vais au lit. Je sais que je me remplis de cette énergie parce que je commence à avoir chaud. Et je ne peux pas être étendue là, et avoir chaud sans faire cela, parce que je n'ai pas une bonne circulation sanguine. Ça démontre donc que quelque chose se passe en moi. Et parfois j'ai besoin de situations objectives comme celle-là pour me dire: «Maintenant, en conditions habituelles, tu ne pourrais pas faire çà.» »

Et Sue riait en disant, « J'ai besoin de me faire cela pour savoir que c'est réel. »

« Et je suis contente que vous ne m'ayez pas donné ces articles plus tôt, ceux sur le travail avec les animaux de pouvoir, parce qu'après en avoir lu certains j'ai vu que mon imagerie était devenue «comme celle» décrite dans certains d'entre eux. Je me suis assise et je pensais, après avoir lu un article et des parties du livre: «Bon, qui est vraiment ton animal de puissance ? Quel animal est ton animal de la base ?' Je sais que le léopard doit être mon pouvoir, ma puissance, mon énergie. »

Je répondis, « Et bien, j'ai fait avec vous quelque chose que je n'avais pas fait, ce n'est pas dans l'article : nous sommes partis de vos mains, vous vous souvenez ? »

« Oui oui. »

« J'avais essayé ça avec deux autres personnes et puis j'ai démarré comme ça avec vous, et c'est ce qui nous a conduit à ce qui se passe actuellement. Vous vous souvenez de ce berger allemand ? Et de votre chien terrier écossais ? »

Elle répondit : « Et j'ai découvert que le terrier écossais était mon cœur. Et ce chien berger - ce berger déformé je dirais, parce qu'il avait la tête d'un animal sauvage – a fini par se transformer en léopard.

« C'est juste, » dis-je.

« Alors ça a dû être ma puissance. »

Je continuais : « Vous savez ce peut être un peu plus complexe. Le travail que je décris dans l'article a commencé avec du matériel théorique et c'est bien, mais nous sommes ce que nous sommes. Nous ne sommes pas construits en fonction d'une certaine théorie. La théorie peut être déduite après que nous nous examinions, et que nous reconnaissions certaines choses de nous, mais nous sommes plus fondamentaux qu'une théorie. La théorie découle de nous, nous ne sommes pas structurés en fonction de la théorie. Et donc ce avec quoi nous travaillons ici est plus subtil et plus complexe qu'une théorie particulière. Ça lui est relatif. »

« Mais ce n'est pas moi, » dit Sue.

« Ce n'est pas vous. »

« Alors je ne devrais vraiment pas m'en inquiéter. »

« Non, » répondis-je, « Là où vous en êtes, c'est bon. Et de plus, ils travaillent tous ensemble, tous les animaux. Si vous tendez vers eux, et qu'un autre soit nécessaire, ils vous mettront en contact avec lui, ou le nouveau s'avancera. Il n'est pas nécessaire de le savoir intellectuellement. En plus, c'est vraiment réducteur pour eux. Ils sont vraiment beaucoup plus que tout ce que nous pouvons décrire. Ils sont bien plus qu'une simple fonction comme ça, bien plus riches, bien plus profonds, bien plus entiers. »

Sue dit : « Alors c'est comme s'ils n'étaient pas séparés. Ils ont toujours travaillé comme un seul. Et c'est vraiment une chose unique et géniale. Parce que je n'ai pas eu à y réfléchir, à essayer de trouver l'animal qui allait m'aider ; si celui avec lequel je suis ne peux pas, il va trouver celui qui peut. »

« Et ce dont j'ai parlé dans l'article, l'intégration et tout ça, pour vous ça se met en place spontanément, » dis-je.

Sue continua, « C'est qu'ils sont si aimants. Il y a toujours beaucoup de câlins et de proximité, de sentiment et de contact.

Ma girafe grandit plus qu'aucun d'entre eux. Et je sens qu'elle est la part de moi qui ne m'aimait pas. Je ne m'aimais pas. Je n'aimais pas ce à quoi je ressemble, ou je souhaitais que ce puisse être différent d'une façon ou d'une autre. Elle est une sorte de… Bon, elle a vraiment grandi. On dirait: «J'aime me regarder. Je me sens bien.» Elle n'est plus tout le temps en train de regarder autour si quelqu'un va la pousser, ou effrayée que quelqu'un l'attrape. Elle est un peu: «Ouais, je vais bien.»

Je ressens cela en moi. Alors qu'elle grandit de plus en plus, je me sens de mieux en mieux. C'est bien de ressentir comment vous vous sentez, c'est bon d'être soi-même. Vous n'avez pas à être ce que chacun veut que vous soyez. Vous pouvez être un peu différent. Je sens sa croissance, et je me sens grandir moi-même.

Maintenant quand j'ai peur pour moi-même j'ai tendance à penser: «Est-ce vraiment toi qui a peur de ça ? Non ! C'est une peur de ma girafe.»

« La semaine dernière j'ai acquis un concept, j'y suis arrivée et l'ai senti en examinant ma mère, en regardant mon père, et en discutant avec des amis : agir de façon juste, exprimer ce que l'on ressent, ce n'est pas tout ; on doit aussi accueillir, accepter ce qu'ils ressentent.

Ils peuvent ne pas ressentir ce que l'on ressent, et c'est bien. La plupart des gens passent toute leur vie, avec leur partenaire, leurs amis et autres, à essayer de les convaincre de leur point de vue.

Et notre point de vue découle des endroits où nous avons séjourné, de la façon dont nous avons été élevés, des endroits où vous allez, de qui vous êtes. Et ces endroits sont différents pour chaque personne. Il va y avoir très peu de moments où l'autre personne va sentir et penser ce que nous sentons et pensons. C'est bon pour moi d'en être là où j'en suis, et c'est bon pour vous d'en être là où vous en êtes, aussi. Ça se résume donc à de la communication ; que ce soit notre mère, notre amoureux, ou qui que ce soit d'autre, on doit pouvoir communiquer «Je ressens cela», et ainsi ça donne la permission de ressentir ce que l'on ressent. Ce ne doit pas nécessairement être la même chose. C'est juste pouvoir être en communication.

Avant que je réalise cela, que j'y croie, que je le ressente, si j'étais avec une personne pour laquelle je ressentais un sentiment particulier, - et je commence à bien connaitre les gens -, je me disais:

«Il vaut mieux ne pas en discuter avec elle, parce que je sais déjà comment elle va se sentir.» Et ainsi le sentiment restait collé en moi. Il y a une réelle liberté à pouvoir aller trouver cette personne et dire: «Je sais que tu ne vas pas pouvoir comprendre et sentir où j'en suis, mais je peux te dire où j'en suis. Et je sais que tu seras à un niveau différent, tu seras à un endroit différent, mais ça me va aussi. Mais au minimum, je peux te dire où j'en suis.» Et cela m'enlève le poids de rajouter à ce problème un sentiment, une pensée, jusqu'à ce que je sois finalement scotchée en lui et ne réalise jamais ce que la personne pense ou ressent. Et je dit ceci : «J'aimerais que tu me permettes de te dire comment je me sens, ou là où j'en suis. Je comprends que tu pourrais ne pas en être là, et c'est bien.» Et il y a une réelle liberté à dire cela, j'ai trouvé. Et il y a réellement une autre sorte de compréhension quand je la regarde et que je dis: «Ça me va si tu n'es pas d'accord avec moi, parce que nous n'en sommes pas au même point.» C'est comme s'ils me regardaient et disaient: «Ça alors, je peux avoir mes propres sentiments à ce sujet.» On peut voir une liberté sur leur visage également. Quand vous êtes libre, vous donnez de la liberté à l'autre. J'ai vraiment découvert ça. Parce que j'ai eu des conversations vraiment profondes, douloureuses, avec des gens, et à partir de là ils ont pu accéder à une compréhension totalement différente. C'est comme si quelqu'un ouvrait une porte qui a été fermée depuis longtemps. C'est vraiment génial.

J'ai dit à une amie – elle commençait à me parler de quelque chose et elle disait: «Je ne veux pas que tu sois bouleversée !» Elle m'a dit: «J'ai peur que tu sois retournée si je te parle de quelque chose.»

Et je lui ai dit: «Donne moi l'occasion de te montrer que je n'en suis plus là. Je te donnerai la liberté de ressentir comment tu te sens si tu me donnes la liberté de ressentir comment je me sens. Et cela ne veut pas dire que tu as tort et moi raison ou vice-versa, ça signifie juste que je vais te donner la liberté de me dire comment tu te sens ; quelque soit la façon dont tu te sens, ça me va.»

Elle m'a regardé genre: «Tu veux rire ! Je peux vraiment te dire ce que je ressens ?»

Nous en avons discuté quasiment une heure et demie: «C'est bon. Je comprends.» Et après qu'elle m'ait exprimé comment elle se sentait, j'ai dit: «C'est bon. Voilà où j'en suis, et c'est bon pour moi maintenant, et là où tu en es est bon pour toi maintenant.» C'était vraiment une conversation géniale, et notre amitié s'en est trouvée grandie. C'est un autre monde de pouvoir pour une fois laisser chacun être honnête et sincère avec l'autre, et de ne pas sentir: «Il faut que je la convainque que je sens ça comme ça !» J'ai déposé ce fardeau.

Et d'une certaine façon, je l'ai fait avec ma mère aussi. Je lui ai enlevé ce fardeau, d'avoir à être quelqu'un qu'elle n'est plus ; elle n'est plus cette personne, elle est différente.

Et je pense que je vais avoir une vie entièrement nouvelle et une liberté avec mon père. Et je vais l'autoriser à être là où il en est et ne plus l'attendre là où il n'est pas. C'est vraiment… je me sens comme si j'étais sortie de prison. Vous ne pouvez pas attendre d'une personne de vous permettre une liberté que vous n'avez pas demandée, et c'est si facile de sombrer dans la routine de: «Je ne vais pas parler à cette personne parce que je sais ce qu'elle ressent.» Il faut aller au-delà de ça, et dire: «Ce qu'elle pense n'est pas un problème, ça va. Mais je vais écouter. Et ce que moi je sens m'importe.» J'ai donc expérimenté cela toute cette semaine.

La première fois que je suis entrée ici, je me sentais si fatiguée. Et je me sens de plus en plus relaxée de m'assoir ici. »

« Alors vous allez partir en Californie ? » lui demandai-je.

« Mmm. Je pense qu'aller dans cette direction est le mieux pour moi. Ça me rapproche de là où je veux arriver, plus vite. »

« Vous commencez en Septembre ? »

« Mmm. Il y a même une grande probabilité que j'aie déjà un travail. Directrice d'un externat, une école maternelle. »

« Waouh ! »

« Ça m'excite vraiment. Cette dame veut m'embaucher par téléphone. Je pense qu'elle pouvait sentir comment je me sentais, mes vibrations, et je pouvais sentir les siennes. Notre première rencontre au téléphone était vraiment incroyable. Mais peut-être aussi s'agit-il uniquement de quelque chose qui grandit en moi. Je le sens vraiment, on dirait que c'est là que je suis censée aller. Ce ne sera pas un travail très bien payé, ce sera un travail amusant, de travailler à nouveau avec de jeunes enfants. Ce sera agréable de faire ça. Et je pense qu'il y a certaines choses que je serai capable de faire en imagerie avec ces enfants, je vais essayer, et ça m'excite.

Je pense que ça va être un bon changement pour moi.

C'est un peu comme si on attendait de moi de retourner travailler auprès d'enfants pour un moment. Je pense que ce sera très épanouissant pour moi de le faire. Ainsi je vais maintenant faire des choses pour lesquelles je n'avais pas la reconnaissance ou la capacité. Ça va être une bonne expérience pour moi. Et si quelque chose d'autre se présente, je pourrais toujours le faire, aussi. Je veux travailler avec des alcooliques là-bas. Comment et où, je ne sais pas, mais il y aura une place pour ça, aussi.

C'est comme si vous travaillez avec une personne, et une autre arrive, et encore une autre. Pour une raison quelconque je suis supposée faire ça, on attend de moi de recevoir de la reconnaissance et de la force dans cette région, pour quelque chose que je ferai plus tard. Ce qui doit arriver arrivera, naturellement.

C'est drôle. J'ai été le genre de personne qui poussait et bousculait chaque chose toute ma vie, et tout d'un coup je n'ai plus à pousser ni à bousculer. Si je dois être là, je serai là, et j'aurai tous les outils et ce dont j'aurai besoin pour le faire. Et si je ne dois pas être là, je ne vais plus rien pousser ni bousculer. Cela me mettrait dans une situation où je ne dois pas être, et très inconfortable. Et je n'ai plus envie d'être dans l'inconfort. Si je sens le moindre point de douleur, je m'assoirai et je découvrirai d'où ça vient «parce que je n'aime pas ça». Je suis si consciente quand je souffre désormais. Quand mon cœur est douloureux c'est comme si mon chien Scottie me saisissait pour me dire: «Hé, fais quelque chose pour moi. Je n'aime plus ça.» Avant, quand je souffrais, je ne savais même pas pourquoi. Je n'avais même pas la moindre idée de ce que je devais faire pour y remédier. Je me sens comme si je n'avais plus aucun écran autour de moi. Comme si ma prison avait été enlevée.

Je pense que j'aimerais voir ce que font mes animaux quand je vais essayer de les contacter aujourd'hui. Bon, je ne sais pas si je vais aller les voir, ou bien... je ne sais pas ce qui va se passer. Je sais ce qui s'est passé hier soir, alors... »

A ce moment de sa thérapie, Sue avait appris à se relaxer très facilement, et mes suggestions de relaxation furent très brèves.

« Prenez quelques profondes inspirations et laissez vos yeux se fermer, et détendez-vous, confortablement assise ici. Votre corps prend conscience du contact qu'il a avec le sol et avec le fauteuil. Et quand vous vous accordez au rythme de votre respiration, imaginez que chaque cellule de votre corps inspire, directement, ce ciel pur, prend cette fraicheur, cette énergie purifiante, et laisse sortir tout ce qui est vieux, vicié, stressant, est prête à tout laisser sortir. Et allez à la rencontre de vos animaux, où qu'ils soient, et dites-moi quand vous pouvez les voir. »

Après quelques minutes, Sue dit : « Je vois une porte. Je suis censée passer cette porte. »

« Quand j'ouvre la porte, c'est comme si je voyais un moi gigantesque. C'est une porte qui donne à l'intérieur de moi.

C'est pour que je comprenne que mon esprit est vraiment fait de tous mes animaux.

Il y a un endroit en moi où repose mon esprit. Et c'est un endroit très beau, qui ressemble beaucoup à l'endroit où je rencontre toujours mes animaux.

Et ils sont tous là.

Le premier animal dont je m'approche est la girafe, et elle pose son nez velouté sur mon épaule. Elle dit que j'ai été plus consciente d'elle cette semaine, parce que j'ai plus travaillé sur elle cette semaine. Et du coup elle se sent bien. Elle dit que pour la première fois elle se sent complète, comme si elle allait bien. Comme si elle n'avait pas à prouver qui elle est. Elle n'a pas à avoir peur de mal faire, ou d'être au mauvais endroit, ou de ressentir quelque chose qui doit être changé. Quoiqu'elle soit, elle est, et c'est bien.

Elle dit qu'elle est devenue plus proche que jamais des autres animaux. On dirait qu'où qu'elle aille, ils vont.

Et Jonathan est là. C'est le goéland. Il a l'air d'être très vif, éveillé.

Je vais m'assoir près de mon léopard.

Il dit qu'avant longtemps, je vais être de plus en plus consciente du stade où en est ma mère. Qu'elle est aussi un guide pour l'endroit où mon père en est. Ma super sensibilité de qui elle est, et de là où elle en est, me fera réaliser et commencer à sentir qu'il y a aussi cette super sensibilité dans mon père, sinon elle ne serait pas avec lui. Elle est en colère, du fait qu'elle n'a plus été attentive à où elle en est, à ce qu'elle sent, et ne l'a pas exprimé. Mais même en cachant ses sentiments, elle ne serait pas avec mon père s'il était une très mauvaise personne, une personne très dure, très insensible. C'est ce qu'elle voulait dire le jour où elle a dit que si elle avait exprimé ce qu'elle sentait réellement, elle et mon père ne seraient plus ensemble ; ce qu'elle voulait dire, c'est qu'il est dommage qu'ils n'aient pu chacun sentir profondément où en était l'autre, qu'ils n'aient pu croître dans toutes les directions où ils auraient pu ensemble. Mais si on lui avait donné le choix, Maman aurait choisi Papa encore et encore. Je dois profiter des moments avec ma mère, et réaliser où elle en est. Il y aura de ces bons moments, doux, aidants, proches. Elle ne sera pas toujours là, et je dois profiter des moments où elle est là. Ces moments sont précieux. Maintenant je commence à voir des couleurs autour de ma mère. Et ses couleurs étaient bloquées du fait de mon incompréhension du stade où elle en est. Pour t'accorder au niveau d'énergie des personnes tu dois d'abord les accepter, eux, leurs vibrations, leur espace, et leur relation avec toi.

Je pose mon bras autour de mon léopard. Il me dit que je commence un voyage, un voyage pour comprendre où j'en suis avec Bobby. Un voyage pour le regarder vraiment et voir où il en est. Qu'il n'est plus ce petit garçon. Et pour être capable de lui transmettre ma force et mes énergies. Que mon énergie s'est développée. Qu'elle va couler en surabondance. Grâce à moi d'autres personnes vont être énergisées et protégées dans leurs sentiments. Et quand mon énergie leur sera donnée, j'obtiendrai de grandes quantités d'énergie en plus.

Je vois une montagne, une haute montagne. Pleine de rochers et de grottes sombres. Avec des arbres à moitié poussés. Et d'autres qui sont immenses. En certains endroits la montagne est très glissante et dangereuse. A d'autres endroits il y a de la neige. J'ai gravi cette montagne pendant des années. Je ne suis plus sur la montagne désormais, mais je peux voir la montagne. Je peux voir des tombes, des larmes, des torrents de larmes dévalant la montagne, et des fantômes. Et même un flot de sang dévalant la montagne, rougissant la neige.

Léopard énergise mon corps. Tous les animaux sont rassemblés autour. Nous sommes très proches, en cercle, et nous sommes tous en contact les uns les autres. Le léopard me met l'épée dorée en main et me dit de toucher cette montagne.

Et c'est comme si j'étais une personne gigantesque, j'ai grandi plus haut que cette montagne. Et lorsque je touche cette montagne il y a comme une grande éruption volcanique. Je vois des gros morceaux de rochers voler dans les airs, et la neige fond. Et je vois une grosse boule d'énergie sur cette montagne démolie. Le léopard dit que toute notre énergie a touché la neige. Et lorsque j'ai touché la neige la montagne a commencé à disparaitre, des fragments en sont partis. Puis une rivière commence à couler, des arbres commencent à grandir, l'herbe commence à pousser sur le sol, le soleil commence à briller, et je peux voir dans la forêt de petits animaux qui grandissent.

Je vois ma famille, et chacun d'entre eux qui s'avance.

Ma mère : je la touche de l'épée sur l'épaule, et lui donne la permission d'être elle-même.

Mon père se met à genoux, et je lui donne la permission d'être lui-même.

Et à mon fils la permission de grandir.

Et à ma petite-fille l'énergie pour être forte.

À la femme de mon fils la permission d'être la force de mon fils pour l'aider à grandir, et de grandir elle-même ainsi.

Et à son fils la permission d'accepter qui il est et de l'accepter dans ma vie.

Et Margaret, je lui donne ma force et j'accepte qu'il n'y a plus rien que je puisse faire pour elle.

Et ensuite Mary, je lui donne la permission de grandir sans moi, et la force, mais je serai là comme une amie.

Je vois beaucoup d'autres gens que je connais et tous me disent: «Nous t'acceptons, et nous t'autorisons à évoluer parmi les gens avec qui tu souhaites être.» »

Léopard dit que je vais descendre le courant et que nous nous croiserons à un niveau plus profond. Pour cela il fallait que je lâche prise, chacun d'eux était à un niveau sur ma montagne et me dérangeait ; chacun de ces gens avait son propre harpon dans mon développement. Je suis libérée de cela maintenant.

Il dit que je n'ai plus de montagne à grimper, uniquement des vallées. Et si ma vallée pour un instant se transforme en montagne, je dois contacter mon esprit et découvrir comment détruire cette montagne, parce qu'il n'y a plus de place dans ma vie pour ces choses désormais. Même dans une peine profonde je serai capable de vivre dans ma vallée. Il n'est pas besoin de routes difficiles à gravir. Même en plein désastre cela peut être un voyage, un voyage vers quelque chose de nouveau à apprendre, à voir.

A nouveau je sens la force du léopard, sa chaleur, son courage pour affronter toute chose, son caractère positif. Je sens les autres animaux, leur force, leur guidance. Il dit encore qu'il est temps pour moi de voyager, que je les sentirai quand je me déplacerai, et qu'ils seront là. Et si je veux contacter l'un d'entre eux, n'importe quand, où que ce soit, ils seront là.

Léopard me dit de prendre mon épée et de toucher chacun de mes animaux. Lorsque je les touche ils disparaissent dans l'épée, chacun son tour. La girafe est la première. Ils viennent volontairement vers l'épée, c'est ce qu'ils veulent faire, l'endroit où ils veulent être.

Ils veulent rester ensemble. Je dois me pencher et toucher mon alligator et il disparait dans mon épée. Quand je tends le bras et touche le goéland, c'est comme si son énergie se séparait en petites épées. Mon ourse entre doucement dans l'épée. Et mon chien Scottie saute dans l'épée.

Mon léopard se tient devant moi, et dit que dès qu'il disparaitra dans l'épée je serai prête à affronter les déplacements, pleine d'énergie, pleine d'anticipation d'un nouveau commencement. Il dit: «N'oublie pas que je suis là. Je suis si près que sur un signe de toi tu peux me parler. N'oublie jamais combien nous sommes proches.» Et je me penche pour le serrer dans mes bras, sa douce fourrure veloutée. Il dit: «Relève-toi. Il est temps.» Et il saute dans l'épée.

Et je retourne à la porte de mon esprit. C'est comme si je sortais de l'intérieur de moi lorsque je ferme la porte. »

En sanglotant profondément, Sue ouvrit les yeux.

« C'était comme si... J'ai ressenti... je pouvais sentir tout ce qui était entre Papa et moi partir. C'était comme s'il était devant moi, m'implorant: «Prends ça aussi.» Il ne savait pas comment devenir proche de moi. Il a essayé, depuis que j'étais toute petite. Je ne pense pas que ce soit lui qui ait construit le mur, c'était moi. Parce que je n'ai jamais communiqué. Je voulais toujours qu'il comprenne où j'en étais, mais je ne lui demandais jamais où il en était. N'est-ce pas irréel que je sente tout cela sortir de moi maintenant ? C'est comme une image venant devant moi me dire: «Voilà pourquoi.»

C'est comme j'ai dit tout à l'heure : vous ne pouvez pas demander à quelqu'un de vous accepter sans vous-même l'accepter. C'est un échange. Vous ne pouvez pas dire: «Je veux que tu comprennes où j'en suis mais je ne vais pas comprendre où tu en es.»

La montagne était incroyable. Je pouvais voir la souffrance et les larmes, presque comme un torrent sortant de moi, comme je l'ai senti dans différentes situations ; voulant être proche de mon père et ne comprenant pas où j'étais ; la confusion, la solitude et le désespoir de ne pas savoir quoi faire de moi et de ma vie.

Une confusion, comme cette montagne gigantesque, avec ces rochers géants à franchir, et des arbres géants dont je ne pouvais faire le tour, et des arbres profondément chaleureux – une part croissant toute droite, une part croissant courbée, comme un grand monstre là-bas – et la neige, les endroits gelés sur lesquels on peut glisser et se casser le cou.

Quand le léopard m'a mis l'épée dans la main je suis devenue plus grande que lui. Tout d'un coup je ne regardais plus la montagne de bas en haut, je la regardais de haut en bas. Et quand je l'ai touchée avec mon épée, c'était comme une explosion mais c'était des morceaux d'elle, comme si tout partait, comme si ça explosait et qu'il n'y avait plus que des bouts d'elle, comme des pans de mon passé, des pans de mon esprit, mes vieux sentiments, mes vieilles pensées, mes vieilles opinions, mes épreuves. Ma confusion a été soufflée.

Et puis cette incroyable procession de chaque personne comptant dans ma vie qui se présente à moi. Et chacun d'entre eux avait un différent... était différent... je leur ai donné quelque chose de différent ou ils m'ont rendu quelque chose de différent qui manquait encore à mon évolution, particulièrement ma mère, mon père, et puis mon fils : lui permettre d'évoluer, lui permettre d'être lui-même, en d'autres termes lui permettre de faire ce que mes parents ne m'ont pas permis de faire. J'ai ressenti ça, et que sa femme était un bon guide pour lui. Il faut que je le lâche et que je laisse chacun guider l'autre. Et ma petite-fille, qu'elle soit forte, qu'elle grandisse, qu'elle soit heureuse. Et – la femme de Bobby a eu un autre enfant, cela a été prouvé au tribunal qu'il n'était pas de lui. Mary – je ne vous en ai jamais parlé – mais elle s'est présentée à moi. On ne s'occupe pas très bien d'elle et je n'y peux pas grand-chose. Elle porte le nom de Bobby, mais Bobby n'en a pas la garde, c'est Margaret qui l'a, l'ex-femme de Bobby. Elle a séjourné à l'hôpital plusieurs fois avec une pneumonie. La force était tout ce que je pouvais lui donner. J'ai les mains liées en ce qui la concerne. J'aimerais pouvoir la sortir de cette situation et dire «Tu ne peux en avoir la garde».

Quelle expérience ! Je n'avais pas idée que j'allais... je n'avais même pas pensé à ces choses. C'est étonnant comme notre imagerie peut nous apporter toutes ces choses d'une façon que nous pouvons voir et identifier. Cette montagne était une chose horrible, une part horrible de ma propre vie. Et aujourd'hui c'est le premier jour d'un nouveau départ. Chaque jour je me réveille de plus en plus forte.

Et mon léopard est un animal si génial, si puissant. Je sais maintenant pourquoi il ne m'a pas été présenté avant que j'aie évolué. J'aurais eu peur de tant de pouvoir. Il avait tant de pouvoir, tant d'énergie. C'était presque comme s'il pouvait pointer quelque chose et le faire disparaitre. Il a tant de pouvoir, presque autant que la vie et la mort. Si je l'avais rencontré en premier je ne l'aurais pas supporté, il m'aurait effrayée. Et maintenant c'est comme si je voulais l'entourer de ma main et je n'ai plus du tout peur de lui, même s'il a tout ce pouvoir. Il est très aimable, mais en même temps, d'une façon douce, si je prenais le mauvais chemin il essaierait vraiment de me mordre, je saurais qu'il a fait quelque chose.

C'est vraiment génial, un truc génial qui est arrivé. »

« Ça parait aussi être un point final, n'est-ce pas ? », dis-je.

« Oui. C'est un peu comme s'ils me disaient que je n'aurai pas à venir encore longtemps. »

Je répondis : « Nous avons pris un rendez-vous pour dans trois semaines. Pourquoi ne pas le conserver et voir où nous en serons, après quoi nous n'aurons peut-être plus à nous revoir. »

« Je sens fortement qu'ils ont le total contrôle de ma vie. Et c'est génial. J'ai le total contrôle de ma vie. C'est un sentiment puissant. Je n'ai jamais su que c'était possible. Mais je crois qu'ils sont juste là. Et jusqu'à il y a une semaine, je sentais que je devais chercher pour les faire sortir.

Ils sont là. Je peux contacter chacun d'eux quand je veux. Parce que je contacte juste l'intérieur de moi. »

« Vous avez aussi vu comme votre esprit est grand. Plus grand que la montagne, » dis-je.

« C'était donc ça ? Oui, c'était ça. C'est comme si j'avais saisi le ciel. Comme j'ai dû être près de Dieu à ce moment-là. »

CECI EST MON CHÂTEAU

« Je pense que si je devais vous raconter tout ce qui est arrivé ces trois dernières semaines, vous ne le croiriez pas. »

« Il s'en est passé beaucoup, hein ? » demandais-je.

« J'ai eu une situation intéressante avec une de mes amies, une personne que je croyais être une amie. J'ai appelé cette personne et lui ai demandé si elle voulait venir déjeuner avec moi, et elle m'a dit non, qu'elle avait décidé de me sortir de sa vie, parce qu'elle pensait qu'elle ne pouvait plus le gérer psychologiquement. Alors nous avons parlé, un long moment. Au départ cela me dérangeait, et puis j'ai fait une sorte de tour en moi-même, suis entrée dans mes émotions et me suis demandée: «Pourquoi ça me dérange ?», parce que je n'étais pas sûre moi-même de vouloir reprendre cette relation et être amie avec cette personne, c'était une sorte de test.

Et ce que j'ai découvert est que cette personne se sent menacée par moi et que c'est le genre de personne qui n'a jamais eu d'amitié. Alors c'était: «Je veux être ton amie mais ne me parle pas de tes problèmes.» Je m'étais parfois confiée à elle, quand j'étais bouleversée, et elle m'en voulait.

Après avoir travaillé là-dessus j'en suis arrivée à la conclusion que je n'ai pas le temps de gaspiller mon énergie dans une amitié qui va regretter de me donner. Et la souffrance est partie quand j'ai réalisé ça. Il n'y a rien sur quoi bâtir cette amitié.

Si je choisis d'être l'amie de quelqu'un, et lui dis: «Je vais t'aider, je serai ton amie», je ne vais pas lui en vouloir un an après, puisque je suis son amie. Elle doit avoir beaucoup de problèmes. Je ne sais pas mais je pense qu'elle doit avoir beaucoup de problèmes. Et je ne vais pas dépenser de l'énergie de cette façon parce que je n'obtiendrai aucune énergie en retour. C'est donc un effort vain, il faut arrêter cela et partir. »

« Aviez-vous déjà fait cela auparavant ? », demandais-je.

« Non ! J'aurais été blessée: «Oh, comment cette personne peut-elle ne pas vouloir être mon amie ?!» Je ne sentais pas ces choses. Ce que j'ai ressenti là, c'est: «Je dois découvrir où j'en suis à ce propos, pour m'en débarrasser, et ne pas y rester accrochée.»

Je suis étonnée de la façon dont j'ai géré ça. Je suis si étonnée de mon côté positif. Il n'y a pas de négatif dans ma vie.

Oh, il faut que je vous dise quelque chose d'autre de réellement excitant. Vous ai-je dis que je suis allée à San Francisco ? »

« Pour voir votre fils ? »

« Oui. Il a été amené aux urgences deux fois. Il avait de terribles migraines. Epouvantables. Ils ne pouvaient pas comprendre d'où ça venait. Alors j'y suis descendue et il se roulait sur le sol de douleur. Je n'avais pas idée que ça durait depuis environ trois semaines. Il ne pouvait pas se lever.

Je lui avais envoyé certaines des cassettes que j'utilisais pendant le biofeedback: relaxation et autre. Alors je me suis mise en totale relaxation avec lui, et lui ai demandé de visualiser ce qu'était sa douleur. Il a visualisé une dent gigantesque, Steve.

Le lendemain matin, je l'ai emmené aux urgences d'une clinique dentaire, ils lui ont enlevé une dent, et après huit heures il n'avait plus mal à la tête et était débarrassé. Il n'a pas eu mal à la tête depuis. Ça ne vous choque pas ?

Je ne pouvais pas le croire. Ils ont fait une radio. Je l'ai simplement amené là et j'ai dit: «Bobby a un problème dentaire. Je ne sais pas où, mais il a un abcès dentaire». Alors ils l'ont passé aux rayons X, et bien sûr il avait un tel abcès dentaire que la gencive proche de cette dent était lésée, quand on appuyait dessus du pus blanc sortait. Et c'était tellement infecté, d'habitude ils n'arrachent pas une dent tout de suite, mais ils l'ont arrachée quand même, et il pouvait partir. Ils l'ont mis sous antibiotiques et… Super ! »

« Waouh ! »

« Ça m'a soufflé. Je savais que c'était une dent. »

« Vous maitrisez ce langage, n'est-ce pas ? » dis-je.

« C'est comme avoir la capacité d'entrer en quelqu'un, de sentir d'où vient sa douleur, et puis d'avoir une intuition pour savoir quoi dire. D'une certaine façon on dirait que je suis en contact avec ce que je dois dire. C'est comme si je ne le disais pas, comme s'ils me donnaient l'information pour savoir ce que je dois dire.

La première fois où j'ai réalisé que je peux faire ça, j'entrai d'une certaine façon dans cette personne, mais je restais accrochée, et je commençais à réparer mais ne pouvais pas, parce que ce n'était pas mes sensations, ce n'était pas ma souffrance. C'était très douloureux, comme si ça allait me vider. Et maintenant je ne suis plus accrochée, que ce soit ma mère, mon fils, je peux entrer, d'une certaines façon sentir leurs vibrations, sortir et savoir sur quoi ils doivent travailler. Non, je vais trop loin : je ne sais pas sur quoi ils doivent travailler. Je peux les guider pour qu'ils réalisent sur quoi ils doivent travailler. Naturellement, ils en arriveraient là. C'est étonnant, si on peut juste les guider jusque là, eux, naturellement, en leur âme, vont trouver ça.

Il y a une chose qui m'effraie ; c'est comme si les gens devenaient conscients qu'il y a en vous quelque chose de différent, quelque chose de plus profond. Et parce que vous êtes vous-même plus profond, vous saisissez ce qui fait vraiment souffrir les gens.

J'ai une cousine qui a une fille jeune, dix-sept ans. Il y a un an environ, elle a eu un accident avec son grand-père : il est mort, ainsi que son petit chien. Et cet homme qui a été tué est le frère de mon père, je suis donc très proche de cette situation. Je n'ai pas eu beaucoup de contact avec ma cousine. Nous étions très proches en grandissant. Je l'ai appelée. C'est la directrice de Mountain Lakes Resort. J'ai un bateau à voile à vendre. Je pensais qu'elle aurait une idée de l'endroit où je dois amener ce bateau pour le vendre. Elle est complètement bouleversée. Très malheureuse. Beaucoup de choses sont allées mal pour elle depuis que son père est mort dans cet accident de voiture. Sa fille ne peut pas surmonter l'événement. Elle n'évolue plus. Elle a arrêté de grandir depuis. Elle n'est plus capable de travailler à l'école. Elle a quasiment eu deux dépressions nerveuses. Elle a des rêves épouvantables. Instantanément, Steve, j'ai su d'où venait le problème. Quelque chose dans cet accident. Elle doit retourner à l'accident et découvrir ce que c'est : de la culpabilité, la tragédie de voir son grand-père mourir, un côté grotesque, quoi que ce soit elle est retenue dans le passé. Je ne sais pas si je peux… Cela m'effraie de la ramener en arrière à cet événement. Et je voulais recommander à ma cousine de vous amener sa fille. C'est trop effrayant pour moi de la ramener à ce moment. Je voulais donc vous demander s'il est possible que je la contacte et lui dise que peut-être elle devrait vous appeler et amener sa fille ici. Je ressens ça fortement. C'est comme si je savais quand je ne dois pas entrer dans quelque chose. Je sens que ce serait très effrayant pour moi. »

« Non seulement effrayant, mais c'est aussi quelque chose de proche, de personnel, ça pourrait être lourd, » dis-je.

« Ce ne serait peut-être pas effrayant, mais je pourrais ne pas être capable de gérer ce qu'elle a à dire. »

« Ça pourrait être violent pour vous, » dis-je.

« Ma plus grande crainte est… mon manque de connaissance : si je la ramène à cet événement et qu'elle craque ou quoi que ce soit, parce que je n'ai pas la somme de connaissances pour la tirer de là, l'aider ou la guider, ou pour savoir quelle énergie peut l'aider. Hé, il y a un an j'aurais dit: «Allez ! on y va !» Mais je suis si consciente des sentiments des autres et des miens maintenant, que je n'ai pas envie de me plonger, ou quelqu'un d'autre, dans cette situation. C'est trop dangereux, je le sens. Mais je voulais vous en parler, de façon à ce que si elle appelle, vous sachiez qui c'est. »

Je répondis que je voudrais bien la recevoir. Puis je demandais à Sue si elle avait été en contact avec ses animaux récemment.

« Ouais. Surtout mon chien Scottie. Scottie a l'air d'être plus isolé, plus séparé de moi que les autres animaux, et il y a une raison intéressante à cela. Je n'ai pas vraiment besoin d'être en contact avec mes autres animaux parce que je le suis en permanence.

Mon petit chien Scottie nécessite une attention particulière, mais je n'en étais pas consciente jusqu'à la semaine dernière, parce que je suis si consciente qu'ils sont en permanence avec moi sans devoir tendre la main ou les voir ; je sais qu'ils sont là, parce que je les sens quand j'agis, c'est comme s'ils me disaient tout le temps: «C'est bien, Sue.» J'ai un retour d'eux, en permanence, venant de l'intérieur.

Alors je suis allée voir mon chien Scottie parce que je sentais que je devais le faire, je le sentais vraiment fortement. Il ne voulait pas que je m'approche de lui, grognait comme s'il allait me manger, il grondait et montrait les dents, alors je lui ai demandé ce qui n'allait pas.

«Et bien, tu n'es pas venue me voir. Comment peux-tu ne pas être venue me voir ? J'ai besoin que tu viennes me voir !»

Alors j'ai réussi à l'attrapper, je l'ai beaucoup caressé et lui ai dit que j'étais désolée. Maintenant je vais le voir quasiment chaque soir juste pour le caresser. Et je me rends compte que... il m'a communiqué que tous les animaux sont vraiment forts, sauf mon cœur. Voilà ce qu'il veut dire. Et qu'il faut que je sois en contact plus rapproché avec lui, en contact visuel, pour vraiment savoir que je crée le contact, parce que mon intelligence, mon pouvoir, ma force et mes actions ne font qu'un, mais c'est mon cœur qui a besoin de beaucoup de force. »

« Bientôt il devrait être temps qu'il grandisse. Quasiment tous les autres animaux ont grandi. », dis-je.

« Il grandit maintenant. Il se sent mieux. Je lui dis sans cesse que je suis là, toujours là, et ça jusqu'à ce qu'il sente que je n'ai plus besoin de le faire ; parce qu'il a toujours été là quand j'avais besoin. Alors je veux qu'il sache que je suis toujours là.

Ça m'a frappée quand je suis allée le voir et qu'il voulait toujours que je le prenne ou le porte. Il me l'a fait comprendre. Il a dit: «Ne me fais pas ça !» Il me l'a fait savoir parce que ma force et mon intelligence sont là, ça va ; lui, il réclame toutes ces caresses. Alors c'était intéressant. Et la semaine dernière j'ai pensé, je me sens vraiment forte ainsi, je sais où j'en suis, mais c'était une chose intéressante à voir. Je me sens comme avec mon chat, vers qui je peux tendre la main et que je peux câliner n'importe quand. Et je peux me promener, faire quelque chose que je sens très positif, et je vais peut-être voir ma girafe marcher élégamment à travers les plaines, ou sentir un petit coup de mon léopard qui me dit: «Bien, voilà ce que nous devons faire ensemble.» Et si je pense, je vois mon goéland de temps en temps. Comme si je n'avais pas besoin d'aller vers l'intérieur pour voir ça. C'est comme une part très forte de moi qui fait ça, comme un flash de cette partie de moi qui me vient. C'est presque comme… un simple flash, un éclair dans mon esprit, je vais voir mon goéland voler à travers mon esprit. Ils sont forts. Mais, là où en est mon chien Scottie, je dois faire un réel effort pour aller le voir. Il n'a pas l'air de pouvoir faire ça.

Ça m'a frappé en quelque sorte, parce que le chien Scottie n'avait jamais grogné. Et j'ai la très forte impression que je vais devoir acheter un chien terrier, il faut que je trouve un chien terrier écossais. Ils sont durs à trouver. Et quand on en trouve un c'est très cher. A peu près trois cents dollars. Et je n'ai pas trois cents dollars à dépenser dans un terrier écossais, alors je pense que bientôt un va apparaître pour une raison ou une autre. Et je suis ouverte à ça. J'ai déjà pris mes dispositions, je sais que je peux en avoir un, et quand je devrais en avoir un je l'aurai. Je ne sais pas pourquoi c'est si important que j'en aie un parce que je n'ai jamais voulu un terrier écossais, mais je vais en avoir un, je le sais. J'ai besoin d'avoir un symbole vivant de là d'où je viens et de là où je vais. Je ne sais pas pourquoi. Une peluche ne fera pas l'affaire. Alors j'attends que ça arrive.

Je pense que je devrais lui rendre une petite visite. Nous avons le temps pour ça ? »

« Bon, nous pouvons déborder un peu, » dis-je. « Respirez ce ciel pur et frais et expirez tout stress ou tension. Et rendez visite à vos animaux, plus spécialement à votre chien Scottie. »

« Je suis avec eux. On dirait que le chien Scottie les a tous rassemblés. Ils se détendent. Scottie a fait un gros effort pour mieux les connaitre. Arriver à les connaitre comme je les connais. Il était content de me voir, comme toujours. Il m'a sauté dans les bras. Il a dit qu'être ami avec les autres animaux, et pas uniquement avec moi, ça lui ira. Il comprend ce que je lui ai dit, que je serai toujours là. Je suis toujours là pour eux. Ça l'excite beaucoup. »

« Demandez-leur s'il y a quelque chose que vous devez faire aujourd'hui, » suggérai-je.

« Il dit simplement de m'assoir avec eux et d'attirer l'énergie de chacun. Ils sont tous très contents que tout se mette en place et ils se synchronisent les uns les autres.

L'alligator dit qu'il sait qu'une des dernières choses que je dois faire est d'arrêter de fumer et que je vais le faire ce weekend. Et je lui dis que je le sais. Le léopard me demande comment je me sens à propos du mur entre mon père et moi, et s'il est toujours là.

Non, il n'est plus là. La seule chose qui manque entre mon père et moi c'est de parler, et ça pourrait arriver samedi. Nous allons ensemble amener mon bateau à San Francisco.

Mon ourse, elle met son bras autour de moi comme une très bonne amie, quand vous arrivez auprès d'elle et qu'elle met ses bras sur vos épaules. Elle dit que c'est vraiment bon de se sentir physiquement, mentalement et spirituellement bien. Et qu'ils ne me quitteront jamais. Qu'ils vont travailler avec le chien Scottie, que la dernière phase de mon évolution est là.

Léopard pose sa patte sur moi. Il dit que les dernières phases de mon évolution seront de grandir pour les autres. A chaque fois que quelqu'un que je toucherai grandira, je grandirai. Il a remarqué que je n'ai pas emporté une seule particule de mon passé depuis qu'il a été détruit. Et que mon épée d'or est plus affutée que jamais ; les deux tranchants sont affutés et aiguisés. Que je connais mes limites aussi bien que mes forces. Que je deviens consciente de mon esprit et de sa grandeur. Et que je deviens totalement en contact avec moi-même. Une totale complétude, une unité. Je ne m'interroge plus sur ce que je ressens, je sais ce que je ressens. Et je n'ai pas plus peur d'être blessée, souffrante ou déçue, que d'être joyeuse ou heureuse. Je n'ai pas de confusion sur la différence entre «Je suis fâchée» et «Je suis blessée» ; c'était l'une des plus importantes pour moi... Il me rappelle que je n'ai pas vu... ah, il me rappelle quelque chose de très drôle.

Il veut que je vous parle de mon cobra royal. Cette semaine mon cobra royal s'est transformé en serpent de BD, un serpent de dessin animé. Il m'est apparu en tant que dessin animé amusant. Ça a été la destruction totale de ma peur de mes émotions, de ma peur de ne pas être capable de les gérer ; et l'opposé radical à une crainte totale et complète de quelque chose d'horrible et dangereux, c'est une chose ridicule et drôle. C'était comme si ce serpent de dessin animé se dégonflait et il a disparu. C'était une de mes zones d'évolution finale. Je suis en train de vous dire que ça a vraiment marché. Ma peur de ce serpent m'a vraiment permis d'être à la hauteur pour travailler avec mes émotions. Je ne voulais pas qu'il m'attaque. C'était vraiment horrible.

Il me tend une marionnette. La marionnette ressemble à mon serpent de dessin animé. Il dit que pour le restant de ma vie, à chaque fois que je serai en contact avec mes émotions et ne voudrai pas les gérer, je verrai cette marionnette dans ma main pour me rappeler combien c'est ridicule.

Il dit que ma vie nouvelle, mon épanouissement et ma beauté ont grandi. Et il veut que je les regarde.

Et tout a poussé. Les arbres sont beaux, forts et droits. Et ma girafe est ici. Elle me regarde comme elle le fait toujours, et marche à travers la forêt, en attrapant les bonnes branches pour grignoter. Elle est si élégante. Si dénuée de crainte. Son corps est bien lisse. Et ses yeux pétillent.

Et elle a un bébé près d'elle. Je ne savais pas qu'elle allait avoir un bébé. Ce bébé est ma petite-fille, Cindy. Et le léopard dit qu'elle est bien protégée.

Je peux sentir mon énergie, mes mains deviennent si chaudes. Comme toute cette lueur qui vient autour de moi. Plus je le vois plus je rayonne autour de moi. Léopard me montre un éclair rouge. Quand je vois le rouge ça signifie danger. Ce que je dois craindre c'est le danger. Cela m'arrivera de le voir sur des gens.

Il me montre des couleurs et ce qu'elles signifient. Il dit que mon épée peut passer de rouge à rose, qui est la douceur, la croissance douce. Une lueur jaune ou blanchâtre est l'énergie, quelqu'un en qui avoir confiance, quelqu'un empli d'énergie. Et je dois faire attention aux gens qui montrent une couleur noire ou grise, ou parfois violette, violet foncé presque noir. Il sait que je vais y travailler, et quand j'évoluerai je verrai d'autres couleurs et je saurai instantanément ce qu'elles signifient. Ou peut-être un livre. Je verrai un livre que je saurai devoir lire. Quelqu'un me parlera de ce livre. Le plus important est de ne pas faire confiance à des gens qui ont un nuage. Ça ne veut pas dire qu'on ne peut pas communiquer avec eux. Il faut seulement savoir qu'ils représentent une de nos limites.

Il dit que je connaitrai ces choses sans communiquer avec eux, simplement je les saurai et je les ressentirai.

Il dit que les personnes qui ont de la douceur ont des lueurs douces, des couleurs douces. Leur rayonnement est facile à voir, et la couleur en est douce.

Mon chien Scottie est roulé en boule dans les bras de mon ourse. Le léopard dit de ne pas m'inquiéter pour Scottie, il ira bien. Il dit: «Il serait bon de venir le voir de temps en temps, mais il fallait qu'il apprenne que nous sommes là. Nous tous sommes ici. Et nous tous, nous sommes toi.»

Il est temps de former un cercle, un cercle d'énergie. Nous sommes tous sur le cercle. Le chien Scottie est au centre du cercle. On me donne mon épée. Je touche la tête du léopard et mon épée touche le chien Scottie. Mon énergie encercle Scottie et il disparait dans mon épée.

Je vois une lueur d'énergie autour de nous sur le cercle et mon épée est au centre du cercle, elle touche le centre du cercle. Ils s'effacent en moi, en mon épée, en moi. Lorsque mon léopard entre dans l'épée il me dit qu'il sera toujours là, que j'aurai toujours mon épée à double tranchant. Et que je n'aurais qu'à regarder en moi-même pour être avec eux ; eux tous ou l'un d'entre eux.

Ils sont partis maintenant, et je regarde la forêt que j'ai créée. Quand je regarde alentour c'est si rempli de forces. Il n'y a rien là d'effrayant. Tout pousse majestueusement. Tout alentour est vivant, vert et beau.

Il y a une maison. Et je pousse la porte de la maison. La maison a des murs d'or, et… on dirait un château de rois. C'est mon château. C'est mon monde. Et je peux y avoir tout ce que je veux. C'est comme si quand j'ouvrais la porte de ma maison je voyais le monde entier, et sa laideur et sa beauté.

Il est temps maintenant que je parte. »

Sue ouvrit doucement les yeux. « Mon monde interne est vraiment un endroit chouette, maintenant. »

« Très riche, » répondis-je.

« Oui vraiment. J'aurais aimé prendre une photo et vous en montrer toute la beauté. »

« Pourquoi ne pas le dessiner un jour, » suggérai-je.

« Ça serait génial. »

LE PROCESSUS

Les changements que Sue subissait étaient physiquement visibles dans l'attention qu'elle se portait à elle-même, dans sa façon de s'habiller et de se coiffer, la détente des contours de son visage et de son corps, la douceur et la plénitude de ses mouvements. Elle changeait aussi émotionnellement, relâchant sa vigilance, acceptant mieux elle-même et les autres, élargissant son regard sur le monde, et gagnant une profonde confiance dans les événements de sa vie. Nous pourrions dire qu'elle entrait dans la plénitude et la maturité de sa vie, facilement et naturellement. Alors la question est : pourquoi n'était-ce pas arrivé avant, naturellement et en son temps ?

En la suivant à travers les expériences de sa thérapie nous pouvons presque dire qu'au départ elle est dans un gel d'émotions et d'attitude, en raison de différents événements de sa vie ; une cristallisation de l'énergie de sa vie autour de l'expérience d'événements particuliers. Nous pouvons voir les animaux l'aider à s'engager dans l'acceptation de cette énergie, l'aider à développer une sorte de relation avec elle-même, de façon à pouvoir la mélanger à nouveau avec le pool général d'énergie disponible maintenant pour sa vie, dans une expérience totale et une réponse aux événements présents plutôt qu'à ceux du passé. Nous pouvons voir les animaux, dans leurs relations entre eux, l'aider à centrer son attention de façon à ce que ses compétences puissent atteindre leur pleine expansion ; ceci lui permet de se penser plus biologique que mécanique, permet à ses relations aux autres de devenir moins dépendantes et plus compassionnelles, et une fois que l'énergie cristallisée a fondu, d'avoir confiance en ses émotions en tant que perceptions véritables d'événements présents plutôt que de simples reflets d'événements similaires du passé.

Et, ce qui est beaucoup trop rare et interdit dans notre société, elle en est arrivée à éprouver la plénitude de son pouvoir, à l'honorer, l'aimer et le respecter ; pas depuis la place gelée du souhait et de la demande, mais depuis l'espace fluide du soutien et de l'élévation. Elle est devenue ce que sa destinée avait toujours voulu qu'elle soit, une femme de dimension substantielle et à la présence véritable ; connaissant, pas seulement parce qu'on lui avait enseigné, mais parce qu'elle avait évolué ; connaissant, non seulement par imitation des autres, mais par reconnaissance de la valeur de sa propre expérience. C'était une femme qui était devenue elle-même.

Mon travail avec Sue s'est étendu sur quinze séances, un temps remarquablement court si l'on considère qu'elle avait perdu espoir dans les thérapies traditionnelles, dont elle avait essayé plusieurs sortes. Tôt dans la thérapie elle me dit qu'elle était étonnée que les changements aient lieu sans effort, car chaque type précédent de thérapie qu'elle avait tenté avait demandé des efforts énormes et abouti à de tout petits changements. Il est évident que ses thérapies antérieures n'avaient pas géré de façon adéquate les sources fondamentales de ses difficultés.

Pourtant les animaux en arrivèrent directement, sans que j'en sois conscient, à ces questions, aux faits qui avaient réellement existé. On doit aussi reconnaitre qu'un élément essentiel de l'étonnant changement de Sue a été son désir profond et sincère d'évoluer, le sérieux de son engagement, et la qualité de son attention.

Mon interaction avec Sue pendant les séances était minimale, surtout pendant les dernières séances. J'en disais peu. Ma fonction principale était d'aider Sue à entrer en état de relaxation et à démarrer les rencontres avec ses animaux. De là, elle et eux surtout reprenaient la main. Je n'avais pas besoin d'en dire beaucoup car Sue était pleinement attentive à son imagerie et avait un grand respect pour ses animaux. Il y avait aussi une profonde confiance entre nous qui facilitait ma partie. Mais ce n'est pas le cas avec chaque patient.

Bien que les exemples présentés dans ce livre aient pu laisser penser que le changement et l'évolution sont rapides et efficaces lorsque l'on travaille avec les animaux, ce n'est pas toujours le cas. Il y a de nombreuses variables impliquées et parfois ce qui nécessite d'être appris et développé peut prendre du temps.

Je me rappelle bien ma première séance avec Janet, avec laquelle j'avais travaillé quatre ans. Son animal coronal était un grand aigle femelle. Lors de cette première séance l'aigle enleva immédiatement Janet, la porta dans son nid et la plaça avec les trois œufs qui s'y trouvaient déjà. Puis l'aigle s'assit sur le nid. Janet, dans l'obscurité, luttait pour sortir, mais l'aigle ne bougeait pas. Elle passa quasiment deux heures à essayer de sortir et finalement accepta de rester simplement dans l'obscurité du nid. A ce moment l'aigle se leva et lui permit de sortir. La séance était terminée.

Nous avons vécu ensuite plusieurs séances qui ont été similaires dans leur fonctionnement bien que différentes dans leur structure : Janet était placée dans des situations qu'elle essayait d'abord de quitter et devait apprendre à rester présente. Bien plus tard les animaux la ramenèrent au temps où elle était jeune enfant et où sa mère la battait dans la cour arrière de la maison. L'enfant

153

était paniquée et pensait qu'elle allait être tuée ; elle avait frénétiquement besoin de s'échapper. Ses animaux étaient avec elle, de façon magnifique et compassionnelle, reconnaissant ce qui se passait et l'aidant à accepter la douleur et à être capable de rester dans son corps, dans son expérience, plutôt que de s'échapper. Ce n'est qu'après cela que l'animal de son plexus solaire, qui avait été un chaton endormi, devient une grande lionne.

Même si le temps nécessaire pour soigner et faire grandir dans le présent varie d'une personne à une autre, reflétant nos différences, les animaux travaillent efficacement et doucement. Ils ne nous plongent jamais dans quelque chose pour lequel nous ne sommes pas prêts, même si nous ne sommes pas encore disposés à y faire face. Les animaux font avancer le processus de croissance et de guérison de façon biologique plutôt qu'intellectuelle ou mécanique, nous amenant toujours dans des expériences de telle façon que les expériences passées deviennent le socle des expériences ultérieures. Ainsi le progrès est sûr et minutieux.

Quand je travaille avec un patient mon travail est de le présenter aux animaux. Mais il est généralement nécessaire de l'amener d'abord à se relaxer. Ou, de la façon dont je préfère le décrire, je capte son attention et l'amène doucement à la déplacer vers l'intérieur. Nous avons tous si minutieusement été formés à concentrer notre attention sur la pensée, que la plupart des gens doivent être aidés pour détourner leur attention de la pensée afin de devenir conscients de leur respiration et de leur sensation corporelle générale, puis finalement de leur imagerie.

Nous pouvons croire que se relaxer implique de donner des indications à nos muscles, mais ceci est encore notre désir de garder le contrôle. Les muscles eux-mêmes bougent naturellement jusqu'à l'état de relaxation quand nous leur portons notre attention. De là il est plutôt simple de déplacer notre attention une fois de plus, de la sensation corporelle vers l'imagerie. Certains peuvent appeler cela un état de transe, mais il s'agit simplement de porter attention à la fenêtre de l'imagerie.

Pour certains qui ont déjà pratiqué l'imagerie, je dis simplement : « Portez votre attention sur votre front (ou votre gorge, cœur, plexus solaire, ventre, pelvis, le sommet de votre crâne) et laissez un animal apparaitre. » Cependant, plus récemment, j'en suis arrivé à leur faire prendre un rôle plus actif, appelant et invitant les animaux à venir, c'est-à-dire à faire un effort délibéré et actif pour approcher l'animal, même s'ils ne savent pas encore qui il est ou ce qu'il est.

Pour certains qui n'ont pas d'expérience préalable de l'imagerie guidée, je les guide d'abord dans l'imagerie de la graine, pour permettre à leur relation à leur imagerie de se développer lentement et naturellement, pour préparer la voie à une imagerie plus complexe et interactive. Je leur demande d'observer leur imagerie et de lui permettre de faire quoi que ce soit tandis que je parle, leur apprend que l'imagerie sait d'elle-même où elle en est et ce qu'elle doit faire, et que notre travail est juste de l'observer, d'apprendre d'elle, et d'évoluer grâce à elle. Puis je leur suggère d'imaginer qu'ils sont une graine en terre. Elle est là depuis très très longtemps, attendant patiemment comme seule une graine peut attendre, pendant de nombreux hivers. Puis un jour le soleil commence à devenir plus chaud, et une douce pluie chaude commence à tomber, imbibant doucement la terre. Et la graine qui a attendu là si patiemment s'imprègne de cette pluie et commence à grossir. Perdant son enveloppe de graine, elle commence à grandir d'abord dans deux directions à la fois ; elle envoie des petites racines dans la terre, qui vont chercher les nutriments nécessaires à la poursuite de la croissance, et vont aussi créer un ancrage dans le sol. Et elle grandit aussi vers le haut, casse la surface du sol et se trouve au soleil pour la première fois. En lui permettant de grandir à sa façon, je suggère alors qu'ils interagissent avec cette plante, cet arbre ou cette fleur, lui demandent ce qu'il ou elle a à leur dire, ce qu'il ou elle nécessite venant d'eux pour poursuivre sa croissance, et s'il les aiderait à grandir. Cette expérience peut être puissante et dynamique en elle-même. De temps en temps, la plante ou l'arbre qu'on a vu grandir va les amener ensuite à l'imagerie de leurs animaux de pouvoir.

Après l'expérience de la graine, je demande au patient de se concentrer sur les différentes zones de ses chakras, l'une après l'autre, d'éprouver les sensations qui s'y trouvent, puis d'appeler un animal à se présenter depuis cette zone pendant qu'il regarde. Une bonne communication est primordiale à ce moment-là, car parfois apparait autre chose qu'un animal. Les personnes très obéissantes, ou qui ont surinvesti le contrôle, vont essayer de le renvoyer et dire qu'ils veulent voir un animal. Mais le fait important pour le thérapeute est de savoir que ce qui est apparu est ce avec quoi ils doivent travailler. Quelle que soit l'image qui apparait, c'est la bonne, et c'est avec ceci qu'une relation doit se développer. Parfois c'est une personne qui apparait, ou une fleur, une étoile, un rocher, etc.

Lors d'occasions ultérieures, je suggère simplement aux individus d'aller rencontrer leurs animaux particuliers, soit en donnant le nom de l'animal, soit en donnant la zone du chakra (base, ventre, etc.). Si le Conseil a déjà eu lieu, j'ouvre la séance en suggérant aux personnes d'aller rencontrer leurs animaux où qu'ils soient et de me dire lequel ils rencontrent en premier. Ceci permet que dans la séance émerge l'animal le plus approprié pour eux dans cette occasion particulière. Les personnes qui ont fait beaucoup de travail de développement personnel, qui ont eu beaucoup de thérapies auparavant, artistes ou imaginatives, ou celles qui sont vraiment avides d'évoluer, sont généralement immédiatement capables de comprendre la signification des animaux dans leur vie.

Parfois la rencontre initiale est profondément cordiale, les animaux disant quelque chose du style : « Tu es enfin venu me rencontrer ! Je t'ai attendu si longtemps ! » Mais parfois les animaux sont dédaigneux, hostiles, douloureux, agressifs, blessés, attachés, enchainés, en cage. Dans ces cas-là mon travail est d'aider le patient à initier une relation de soin avec l'animal, de l'aider à apprendre à le traiter avec respect, à explorer la nature de ses conditions de vie, et ce qui doit être fait pour qu'il soit libre et en bonne santé. Parfois la guérison de cette relation nécessite une expérience personnelle du patient avec l'animal et parfois le Conseil entier doit être impliqué. Dans d'autres cas nous devons nous assurer que la blessure n'est pas aggravée ou perpétuée.

Le moyen fondamental d'aider au développement de la relation entre le patient et l'animal est de les aider à mieux se connaitre l'un l'autre : d'abord par le dialogue et l'interaction, en suggérant que le patient demande à l'animal ce qu'il a à lui dire, puis en lui demandant s'il a besoin de quelque chose, ou s'il y a quelque chose que le patient puisse faire pour lui. J'encourage le patient à fournir immédiatement ce dont l'animal à besoin plutôt que de chercher à le comprendre de façon métaphorique.

IL EST BON DE LE COMPRENDRE MÉTAPHORIQUEMENT MAIS L'ANIMAL A AUSSI BESOIN D'ÊTRE COMPRIS DANS L'URGENCE DE SA VIE, ET PAS UNIQUEMENT COMME S'IL S'AGISSAIT D'UN « MESSAGE ». Traiter l'animal comme s'il n'était qu'une métaphore d'autres aspects de la vie de quelqu'un, c'est oublier le fait qu'il est aussi le noyau vivant de la connexion à ces autres aspects. Comprendre directement l'animal est le premier lieu où initier ces changements en soi, et générer ce respect pour la totalité de son être qui doit être généré. Cette relation directe est étonnamment soignante, et il devient alors évident que de nombreuses personnes n'ont pas été spécifiquement présentes à ces aspects d'elles-mêmes depuis plusieurs années. De temps en temps, ce contact initial est déjà approprié pour initier un changement ou une transformation à la fois pour l'animal et pour le patient.

Une étape ultérieure, proposée plus tard dans une séance, est de laisser le patient devenir l'animal. Cependant, cela ne doit être entrepris qu'avec le consentement à la fois de l'animal et du patient. On ne devrait pas faire de demande à l'animal, ni lui faire intrusion ; ceci est cependant fréquent, par perpétuation de la façon dont nous avons été traités enfants. Encore une fois quand nous apprenons à respecter l'animal nous apprenons à nous respecter nous-mêmes. Un animal refuse rarement de permettre à une personne de devenir lui, et le patient aussi refuse rarement de devenir un animal particulier. Mais il existe des situations où il est inopportun de laisser le patient devenir l'animal. On doit faire confiance à la fois à la personne et l'animal pour connaitre ces situations.

Devenir l'animal semble toujours ouvrir une nouvelle dimension de la compréhension du patient. Je débute en demandant au patient de se fondre dans l'animal et de prendre ses caractéristiques : de voir à travers ses yeux, d'entendre par ses oreilles, de respirer et sentir par son nez, de sentir par sa peau, de ressentir ses émotions, ses attitudes, son orientation, ses pensées et ses intérêts. Je demande à la personne de ressentir l'animal en mouvement, courant, volant, se reposant ; de sentir son pouvoir et sa relation au monde dans lequel il vit. Puis je demande au patient de me dire ce qui ressort principalement de cette expérience.

Faisant cela le patient commence fréquemment à éprouver plus profondément son propre aspect vivant, et l'on peut voir une vague d'énergie, une rougeur du visage, ou le ressenti d'une profonde émotion. Le patient gagne aussi une meilleure appréciation du côté distinct et individuel des animaux, et de la pureté de leur existence : ils ne tremblent pas, ils sont simplement ce qu'ils sont, en totale sincérité et non sans une touche d'humour. Un patient me disait : « Ils ont l'air plus humains que bien des humains. »

Lors de cette expérience subjective avec les animaux j'acquiers une vue plus large des dynamiques de l'individu. Avec quel élément de lui-même le patient s'est-il le plus identifié ? Quel animal a le ressenti le plus proche de celui du patient ? Lesquels sont les plus éloignés du patient ? Lesquels sont les plus bridés ? Lesquels se sont fortement développés ?

Chez un individu l'animal du cœur était un rat. Il en était plutôt horrifié et dit immédiatement : « Je déteste les rats ! Mon père avait l'habitude de les tuer lorsque j'étais petit garçon ! » Le rat était maigre et affamé ; il demandait à manger mais le patient refusait de le nourrir. Pourtant, curieusement, il était volontaire pour devenir le rat. Quand il éprouva le rat de l'intérieur, il commença à comprendre certaines de ses qualités : qu'il était un survivant et qu'acculé il combattrait pour sa survie avec fureur, mais ne blesserait jamais quiconque délibérément. Ceci lui donna une perspective totalement nouvelle à la fois de l'histoire et de la nature de son rat, et il commença à mieux l'apprécier et consentit à le nourrir et à s'en occuper.

Lorsque la relation du patient à l'animal change, l'animal en lui-même change. Il peut grandir en taille, être guéri, devenir plus fort, plus clair, plus distinct. Ou bien il peut se transformer en un animal totalement différent. Et lorsque l'animal change, le patient change.

La part la plus difficile, de loin, de mon travail, se passe avec les personnes qui tentent de s'immiscer ou d'interférer avec le processus de leur propre développement. La voie la plus courante par laquelle ils s'immiscent est de faire ce que notre culture nous enseigne : dénier, minimiser, réduire le processus imagier lui-même. « Ce n'est que mon imagination. » « N'y faites pas attention, ce n'est qu'un rêve. » « Est-ce réel ou êtes-vous en train de l'imaginer ? » Il est difficile pour ces personnes de comprendre que faisant cela, ils se dénient, se diminuent, se rabaissent eux-mêmes. Parfois c'est exactement la nature de l'intrusion qui charge: « Je ne m'aime pas ! Je fais toujours des erreurs ! Je ne fais jamais le bon choix ! » Cette négation tente de maintenir intact un aspect logique ou rationnel de leur identité supposée, qu'elle soit positive ou négative, mais en faisant cela ils nient leur plénitude, leur richesse, et la créativité qui est leur patrimoine naturel.

Une autre façon d'interférer avec le processus est de voir les animaux uniquement d'un point de vue métaphorique, uniquement en termes de ce qu'ils « signifient », ou uniquement en tant que symboles, en allant directement de l'imagerie vécue au domaine conceptuel de la pensée, ne donnant de valeur aux animaux que lorsqu'ils peuvent être interprétés conceptuellement.

De telles personnes sont plus concernées par « se penser » ou « se comprendre », plutôt que de vivre leur vie ! L'imagerie profonde est une dimension unique de qui nous sommes et nous devons développer une pleine relation avec elle. Faisant cela nous développons une pleine et profonde relation à nous-mêmes.

Nous pouvons aussi reconnaitre un phénomène d'intrusion très facilement quand l'imagerie est bizarre ou hors du contexte, chez un obsessionnel, par exemple. Mais nous avons échoué de façon caractéristique à reconnaitre un phénomène intrusif et destructeur quand il prend un caractère logique et de raisonnement. Les gens qui utilisent cette méthode d'intrusion, et généralement leurs proches, sont tout à fait inconscients d'être importuns dans leur propre processus parce que cela se fait de façon logique. Généralement pour eux les seuls événements valides sont ceux qui se conforment à une logique rationnelle. Le travail avec ces personnes est généralement tout à fait ennuyeux, parce qu'ils ont l'habitude de générer une réponse logique à tout, plutôt que de s'autoriser à apprendre et à grandir. Leur besoin de logique, plus que de plénitude, est en soi l'élément destructeur.

Tous ces freins sont des problèmes de conscience. Le patient est incapable d'observer le contenu de sa conscience, sans immédiatement le commenter, le critiquer, le rejeter, ou d'une certaine façon réagir à un de ses aspects. Cette réactivité intrusive est le problème fondamental. Le phénomène d'intrusion est parfois si général que le patient ne se donne pas le temps nécessaire pour sa résolution avant de mettre fin à la thérapie.

On peut parfois venir à bout de ce phénomène d'interférence en en parlant directement, en donnant son appréciation pour ses évidentes qualités positives, pour son utilité dans la survie de l'individu dans sa culture particulière, pour son dévouement au soutien de l'individu. Il faut que le patient dise à ce phénomène d'interférence qu'à ce moment précis quelque chose de plus, quelque chose d'autre, doit être accompli ; qu'il est maintenant plus important d'évoluer vers sa plénitude originelle, que de seulement répondre aux demandes imposées par la survie dans son rôle particulier, familial, social ou éducatif ; et que du soutien est maintenant nécessaire pour aller dans cette nouvelle direction.

Une forme de soutien facile, que l'on peut initialement demander au processus d'interférence de fournir, est d'obtenir de lui qu'il commence par poser cette question : « Comment est-il possible de grandir à partir de ceci ? », et particulièrement dans les situations difficiles. Poser cette question est peut-être une des actions les plus significatives que je peux apprendre à générer. Même si un événement qui semble désastreux est arrivé, poser cette question amène la personne à se concentrer, et à entrer dans un processus qui doit tirer de l'événement toutes caractéristiques positives qu'il peut avoir pour l'évolution, en l'utilisant ainsi comme une étape de développement.

Mais pour que ceci soit efficace nous devons savoir comment nous débrouiller avec les questions. Beaucoup d'entre nous ont appris à se précipiter sur une réponse dès qu'une question est posée, et j'ai connu des personnes qui utilisent les questions comme un dispositif intrusif, en demandant par exemple : « Que ceci produira t'il de bon ? » ou « Comment sais-je que ceci entrainera du positif ? », de façon à ce que la question en elle-même soit utilisée pour clore de potentielles voies de développement. La fonction naturelle d'une question est d'ouvrir à des potentialités, des possibilités : les gens doivent poser la question et puis maintenir ouvert un espace conscient dans lequel la réponse peut advenir avec leur accord. Ne pas tenter de forcer ou de fabriquer la réponse. Autoriser la question à être une vraie quête.

On a enseigné à beaucoup d'entre nous que l'intelligence pensante est supposée tout faire. Mais si l'intellect assume cette responsabilité il est condamné à être lesté vers le bas, et énormément frustré, car il essaie de faire des choses qui ne sont pas de son domaine légitime. Un après-midi un homme vint me voir en énorme détresse. Il avait une céphalée continue depuis deux semaines. Quand je m'enquis de ce qui s'était passé deux semaines auparavant, il me dit que sa femme l'avait quitté à ce moment-là, en emmenant leurs deux enfants, et était allée vivre chez sa mère. Il ne savait pas quoi faire. La première chose que je fis fut de le mettre en contact avec l'animal de son cœur parce que je pensais que c'est là que se situerait la plus grande perturbation. Je fus surpris de voir que l'animal de son cœur était un cerf, qui broutait tranquillement l'herbe de la forêt. Alors j'entrais en contact avec son animal de pouvoir : lui aussi était calme et paisible, et chaque animal suivant était calme et à l'aise jusqu'à ce que nous arrivions à l'animal de son front. C'était une pieuvre et chacune de ses tentacules était douloureuse d'être tendue à sa limite, à force d'essayer de tout tenir ensemble. Nous lui dîmes qu'il n'avait pas à tout faire seul et le louèrent d'avoir voulu assumer une aussi énorme tâche. Puis nous lui demandâmes s'il autoriserait les autres animaux à l'aider et il accepta avec un grand soulagement. Les autres animaux s'avancèrent volontiers, la pieuvre lâcha ce qu'elle tentait de tenir, et le mal de tête de cet homme cessa immédiatement.

Parfois on peut montrer la nature limitante du phénomène d'interférence. Chez un individu, quand deux animaux apparurent ensemble ils devinrent un œuf. La coquille de l'œuf était très solide et l'œuf ne pouvait se fendre. A la fin de la séance cet homme me dit qu'il était très conscient d'avoir simplement créé lui-même toute l'imagerie et qu'au départ c'était sans valeur. Si tel était le cas, je lui demandais pourquoi il était incapable d'ouvrir l'œuf. Il n'avait pas de réponse à ça. Quand il arriva une semaine plus tard pour notre séance suivante, il me dit que mon observation l'avait rendu attentif à la façon dont il rabaissait les processus d'imagination et disait que ça n'avait pas de logique, et il était plus ouvert pour poursuivre l'imagerie. Lorsque l'œuf finalement se fendit, quelques séances plus tard, il contenait un garçon de deux ans terrorisé, lui-même.

Parfois l'auto-intrusion s'étend de diverses façons à la création de l'imagerie. J'ai eu plusieurs patients qui affirmaient ne pas avoir d'imagerie, mais après une observation plus fine on découvrit que l'imagerie se présentait mais était vite rabaissée avant qu'elle ait pu entièrement se former. Par exemple, une personne pouvait commencer à voir l'oreille d'un animal et minimisait cela car ce n'était pas l'animal entier. Un client a été capable de le surmonter, et beaucoup plus tard, à notre surprise, son imagerie commença à apparaitre en couleur. Il n'avait pas remarqué qu'elle avait été jusque-là en noir et blanc.

De façon intéressante, l'action d'auto-intrusion apparait fréquemment dans l'imagerie une fois que l'imagerie a été autorisée à se manifester : un adolescent destructeur qui fait irruption et transforme l'imagerie en cours en chaos, un couteau sanglant qui apparait soudain et coupe un cerveau en deux, une voix désincarnée qui lors de moments significatifs fait des commentaires sur l'absence de signification de l'imagerie en cours. Ces actes auto-intrusifs tirent généralement leur origine du fait que cette personne a été sérieusement envahie par quelqu'un d'autre lorsqu'elle était enfant, et se sont développés comme un moyen de parer à la douleur de cet événement originel.

L'orientation naturelle et originale des animaux, ainsi que la nôtre, est de fonctionner en interrelation harmonieuse, et c'est avec cette énergie que je suis le plus en lien pendant une séance de thérapie, reconnaissant que le phénomène d'auto-intrusion est une variation de surface qui provient habituellement de mécanismes de survie dans un environnement précédent limitant. L'auto-intrusion a été apprise et persiste maintenant comme une réponse de survie généralisée, mais maintenant elle limite l'évolution de la personne. Elle conduit à une division entre différents aspects de la personne et cette dissociation doit être traitée. Quoi que ce soit qui maintienne la dissociation, cela doit volontairement prendre fin, ce qui se fait en apprenant encore une fois à faire confiance à l'orientation qui se dégage de la complétude originelle.

Il existe d'autres raisons, cependant, au fait qu'aucune imagerie visuelle n'apparaisse : le mode imaginatif principal de la personne peut être auditif ou kinesthésique. La personne peut avoir besoin d'écouter les animaux, ou de les sentir, plutôt que de les voir. Il m'est arrivé de travailler avec une femme qui affirmait ne pas avoir du tout d'imagerie. En explorant ceci avec elle, elle me dit que sa tête n'avait jamais bien fonctionné, que même à l'école sa tête n'avait pas fait ce qu'on lui demandait de faire. Comme je la questionnais sur ce qu'elle aimait faire dans sa vie, il devint évident qu'elle aimait travailler de ses mains, et que son plaisir principal provenait de faire et de sentir des choses avec ses mains. J'avais l'impression que si elle avait pu être sculpteur ou artisan elle aurait été excellente et profondément heureuse. Alors je lui suggérais de sentir ses animaux avec ses mains pendant nos séances de thérapie. Ce qu'elle fit. Elle reconnut ensuite que les animaux étaient très présents, et elle et eux firent de beaux voyages ensemble.

Rencontrer les animaux initie un processus de développement d'une relation à nous même, mais la création du Conseil est la première étape majeure de l'intégration. Pour de nombreuses personnes, c'est la première fois que ces énergies se rencontrent. Si le Conseil n'est pas spontanément formé, je demande au patient de contacter l'animal coronal pour lui demander si le moment est propice pour que les animaux se réunissent. Puis nous suivons l'avis de l'animal coronal. S'il indique qu'il n'est pas opportun pour le Conseil de se réunir, une autre croissance à un niveau plus spécifique doit probablement advenir d'abord, et l'animal coronal sera capable de la diriger. Je suggère aussi au patient de demander si l'animal coronal aidera à rassembler les animaux. Ils se rassemblent habituellement facilement, mais parfois un est réticent ou résistant à rejoindre le Conseil ; ceci est alors traité comme un problème à gérer par le Conseil, et non pas en essayant de forcer l'animal à venir. Rien dans ce travail ne doit être contraint ou forcé.

On demande au patient d'observer des conflits, des animosités, des amitiés, ou des regroupements qui ont lieu quand les animaux se réunissent. Puis je suggère que le patient demande s'ils vont se réunir en cercle, et s'adresse à eux en tant que Conseil. Le patient est libre de dire ce qu'il veut, mais il y a des sujets que je suggère : exprimer son approbation pour leur volonté de se rassembler, exprimer l'espoir qu'ils pourront résoudre tous conflits entre eux, apprécier leurs différences, apprendre à se soutenir les uns les autres et à vivre en harmonie. Je suggère aussi que le patient leur demande du soutien pour son évolution et leur offre du soutien dans leur croissance. Puis, si aucun sujet n'apparait spontanément, je suggère que le patient demande aux animaux de se consulter et de voir s'il y a un consensus sur ce que devrait être le premier ordre ou la première activité.

A partir de là, ma tâche est généralement d'observer et de m'assurer que tous les animaux ont une chance d'être entendus. Si le patient me dit que les animaux lui communiquent que l'un d'entre eux doit grandir, par exemple, je prie le patient de demander à cet animal en particulier s'il est prêt à grandir et s'il sait comment faire. Je préfère que la direction vienne des animaux dès que possible, et de moi uniquement si nécessaire. Je vois mon travail comme une aide pour que le patient entre en contact avec son processus propre, apprenne à lui faire confiance et l'autorise.

Souvent, quand pendant l'imagerie une personne me dit quelque chose à propos d'un animal, je lui demande de le répéter à l'animal. Ma fonction n'est pas d'aider les personnes à créer un dialogue avec moi, mais de les aider à commencer à développer une communication interne avec leur imagerie. Notre problème fondamental, après tout, est d'avoir perdu la connexion avec différentes parties de qui nous sommes, par le rejet, la distance, l'éloignement, l'isolation, l'intrusion, le refoulement, le clivage, etc. Notre besoin primordial est que toutes les parts de nous soient en communion pleine et entière avec les autres ; de cette façon nos actions peuvent provenir d'un centre qui est en contact et en harmonie avec notre globalité.

Nous devons aussi soutenir la personne que nous sommes et nous sentir soutenus par elle, mais ceci ne doit pas être confondu avec le contrôle. Ce n'est pas qu'une partie de nous soit destinée à contrôler les autres parts (comme on a pu nous l'apprendre : que notre pensée, notre langage ou notre logique doive être dans le contrôle), mais que toutes les parties doivent s'ouvrir à partager l'existence. Notre centre peut être véritable uniquement quand toutes les parties sont pleinement présentes et en équilibre. Travailler avec les animaux internes est une voie majeure pour regagner ceci.

Une des choses les plus difficiles à apprendre est de rester hors champ quand tout se déroule doucement. Nous n'avons pas seulement des difficultés à l'apprendre avec le respect à nous-mêmes, mais aussi en tant que thérapeute travaillant avec des patients : permettre l'imagerie personnelle des patients, et ne pas interférer avec la sienne. Leur donner suffisamment d'espace. Quand un patient est silencieux depuis un long moment je vais demander, « Que se passe-t-il maintenant ? » ; pas d'une façon exigeante, mais plutôt gentiment curieuse. Le travail du thérapeute n'est pas de diriger l'imagerie mais de soutenir et d'améliorer la relation entre le patient et son imagerie.

L'imagerie a sa propre dynamique et son propre point d'achèvement, de clôture ; elle arrive seule à sa propre fin. Il est donc difficile de travailler dans un horaire de cinquante minutes quand on utilise l'imagerie profonde. L'unité de temps biologique est généralement plus proche du cycle de sommeil, approximativement quatre-vingt-dix minutes, et, comme le rythme de sommeil, cela varie d'une personne à l'autre. Et la longueur des séances peut aussi varier en fonction du stade de développement de la personne. J'ai eu des patients qui nécessitaient des séances de deux à trois heures au début, et une fois que certaines questions sévères ont été traitées, leur temps s'est naturellement raccourci. Et un voyage en imagerie est comme la chirurgie. On prend le temps dont on a besoin. La chirurgie cardiaque ne peut tenir en cinquante minutes.

Aucune description verbale ne peut dépeindre de façon adéquate le côté vivant, l'immédiateté, et l'engagement émotionnel direct que le Processus de Totem Personnel apporte au patient. Chaque animal a sa propre personnalité, et les animaux, tant individuellement que collectivement, évoluent rapidement en un système de soutien interne reconnu. Des leaders naturels apparaissent parmi eux, dont la sagesse et la compréhension sont tacitement acceptées par les autres. Lorsque les animaux grandissent ou se transforment, la direction peut changer. J'ai rencontré quelques situations où, au début du travail, un animal tentait de dominer les autres, mais les autres ont répondu comme s'il s'agissait d'une attitude immature, et l'animal a vite voulu évoluer au-delà de son besoin de dominer. Bien qu'il ait pu y avoir parfois une animosité initiale entre certains des animaux, la coopération, le respect, la confiance et le soutien apparaissent parmi eux quand ils arrivent à se connaitre l'un l'autre et s'engagent dans des projets communs.

Le Processus de Totem Personnel est aussi précieux du fait qu'il contourne l'ornière de l'intellectualisation, en expliquant, représentant, et décrivant tout d'une vie. Une patiente qui avait consulté plusieurs autres thérapeutes a été choquée quand je lui ai dit qu'il n'y avait pas besoin de rejouer la séquence de ses événements de vie pour moi, une approche qu'elle avait apparemment beaucoup pratiquée. Le processus contourne aussi le système de défense du Moi car rien n'est apporté de l'extérieur dans le Moi du patient ; au lieu de cela, c'est comme si le Moi éveillait d'autres éléments de la vie du patient. Il est essentiel, pourtant, que le patient veuille autoriser l'imagerie plutôt que de tenter de la contrôler.

Le fait d'autoriser l'imagerie est un point qui je pense réclame une sérieuse attention. De nombreux livres populaires sur la visualisation évoquent ce que j'appelle de l'imagerie « en conserve » ; on imagine que son désir a déjà été pleinement exaucé, et on se concentre sur cette imagerie. Ou encore on suit les directives du thérapeute ou du guide vers l'exclusion de l'intelligence et de la sagesse inhérentes au moi profond. De telles pratiques tentent de placer l'imagerie sous le contrôle de l'ego, et d'après mon expérience peu de changements fondamentaux ont lieu.

De l'autre côté, dans l'imagerie autorisée, que j'appelle « imagerie profonde », des éléments au-delà de l'ego peuvent aider le moi à croître au-delà de ses limitations habituelles, dans cette relation avec les termes de son être, et pas uniquement avec ceux de son ego.

En même temps qu'il promeut du développement et de l'équilibre, ce processus permet aussi une continuité dans le temps qui procure une évaluation continue de l'état du patient. J'ai fait des séances avec quelques individus très avancés dans leur travail d'évolution, et ils ont été à la fois fascinés d'observer leur propre état et heureux qu'on leur montre dans quelles zones un travail devait être poursuivi. Le Processus de Totem Personnel apporte aussi au thérapeute l'intervention appropriée et le rythme propre de la thérapie, avec une base d'évaluation de qualité. En même temps, il procure du soutien aussi pour les compétences du patient lorsqu'on se concentre sur une zone de problèmes.

Bien que la simplicité esthétique de cette approche puisse laisser penser qu'il pourrait être utilisé comme une technique populaire, il est essentiel que le thérapeute soit attentif, sensible, et totalement respectueux du patient plutôt que d'amener le patient à une théorie. L'assujettissement à un contrôle de l'intellect est un sérieux problème dans notre culture occidentale. Nous devons murir pour arriver à une position où nous réalisons que nous pouvons faire confiance à nos éléments plus profonds ; ces éléments dans le patient qui savent, telles des graines, où et à quel stade l'évolution doit arriver.

Quand un patient démarre une thérapie avec moi, je suggère qu'il salue brièvement ses animaux chaque jour, mais qu'il n'essaie pas de s'engager dans de longues rencontres entre les séances. Il est aussi important, si les animaux apparaissent spontanément, que le patient les salue et demande s'ils portent un message. Plus tard, lorsque la thérapie avance, on peut directement demander aux animaux s'il est adéquat que le patient les contacte de lui-même ; parfois les animaux eux-mêmes soulèvent cette question. La précaution la plus importante, cependant, est de toujours respecter les animaux.

L'importance du respect m'a été clairement apporté par une patiente du début, qui voulait activement visualiser ses animaux entre nos séances régulières, leur faisant des demandes et essayant de les forcer à accéder à ses requêtes. Ils devinrent très vite passifs et insensibles, et elle devint fatiguée et dépressive. Ils ne redevinrent actifs qu'une fois qu'elle se fut excusée, et commença à les traiter avec respect. Sa dépression cessa immédiatement.

La participation des animaux est requise, jamais exigée ; et eux, en retour, conseillent mais n'imposent pas. Le thérapeute doit aussi être attentif à ce que le patient l'introduise dans un monde interne où le respect et la sensibilité sont valorisés, et où la coopération est l'orientation fondamentale.

Travailler avec les animaux m'a montré avec une intime précision l'individualité singulière de chaque personne avec qui j'ai travaillé. Il est devenu évident en utilisant cette technique qu'il n'y a pas deux personnes semblables, et plus chacun est entré profondément dans son imagerie, plus cette différence stupéfiante est devenue prononcée, intelligible et sensible. De plus, il semble que chaque personne soit créée pour vivre dans une harmonie interne naturelle, tous les éléments vivant en coopération avec les autres, et l'évolution étant permise et respectée. De plus mon expérience globale à tous les niveaux m'a amené à m'émerveiller de la remarquable diversité des animaux et des situations qui se présentaient pour nous guider vers la guérison, l'évolution et la plénitude.

Dans de précédentes éditions de ce livre, je faisais quelques déclarations qui étaient des généralisations, à partir des observations faites dans mon expérience relativement limitée ; et je les ai plus tard regrettées, quand j'ai vu des étudiants les prendre pour des vérités définitives. Ces généralisations étaient nécessairement brèves et limitées, et n'auraient pas dû être prises pour des vérités factuelles. Et personne ne devrait rejeter un de ses animaux, pensant qu'il devrait être un autre. Voilà une maladie si humaine ! C'est ce qui nous est arrivé à l'école. Nous avons tellement été comparés à d'autres, à une moyenne ou à un concept, que nous pensons d'abord à nous en terme de comparaison à une moyenne générale. Si le processus de Totem Personnel est d'une quelconque aide, cela pourrait être pour que nous arrivions à accepter, à respecter, à valoriser qui nous sommes dans toute notre singularité, et non à penser que nous devrions être différents d'une façon ou d'une autre. Bien sûr notre unique tâche est d'aider à guérir nos propres blessures, car ayant été fréquemment blessés nous apprenons à perpétuer cette blessure en blessant les autres, même en n'ayant pas l'intention de le faire.

L'animal coronal ou spirituel est parfois un oiseau ou un animal volant et le patient éprouve généralement une paix profonde en sa présence. Mais j'en ai vu aussi se manifester sous la forme d'un ver ou d'une éponge. Nous devons toujours nous souvenir que l'animal apparait sous la forme exacte qu'il doit avoir pour stimuler notre concentration, notre compréhension, notre sensation et notre expérience, pour l'incitation de notre guérison, de notre évolution, et pour notre entrée en relation plus profonde avec lui. L'animal coronal est souvent porteur d'une profonde sagesse et les autres animaux le regardent avec respect.

Parfois, l'animal coronal joue le rôle d'un observateur, supervisant la situation sans y participer directement. Par exemple, une fois que le cercle du Conseil fut formé, un patient me rapporta que l'animal coronal, un aigle, était hors du cercle, perché tout près sur une branche d'arbre. Un autre dit que son animal coronal, un faucon, volait très haut au-dessus du Conseil, à la vue des autres animaux et attentif à eux, mais apparemment avec une perspective plus large. Un troisième rapporta que lorsque ses animaux commencèrent à danser, l'animal coronal, un hibou, se tint sur un côté, observant sans participer. Une autre patiente, par contre, avait pour animal coronal un aigle qui volait en cercle haut dans le ciel ; il lui dit qu'il volait trop haut et qu'il devait descendre et se rapprocher des autres animaux. Cependant, même si l'animal coronal assume une position non participative, il est capable d'action directe et immédiate si besoin.

L'animal frontal apparait parfois sous deux modes principaux : comme un animal déjà grand et capable, ou comme un animal sous développé ou caché. Je pense que ces deux aspects résultent de notre système d'éducation qui prise l'apprentissage intellectuel et nous impose le besoin de survivre dans un système où nous sommes valorisés ou dévalorisés en fonction de nos compétences intellectuelles. Parfois deux animaux vont être présents : deux oursons, mâle et femelle ; un loup et un coyote ; et ainsi de suite. Je suggère d'abord que le patient demande s'ils veulent fusionner. Si les deux refusent de fusionner, ils peuvent représenter l'intellect et l'intuition. Cependant, cela signifie que cette énergie est polarisée. Quand deux animaux apparaissent dans un seul chakra, cela peut indiquer qu'une énergie a été divisée et un développement de plus doit arriver avant que les deux animaux soient prêts à fusionner.

L'animal de la gorge est parfois le moins évolué des animaux : une chenille, un serpent, une souris, etc. Ceci est probablement le produit d'une culture qui n'aide pas vraiment l'enfant à apprendre à communiquer ; peut-être par incompréhension de ce qu'est la communication, mais plus certainement du fait de la perspective théorique qui veut que les enfants soient formés ou modelés pour devenir qui ils sont. De mon point de vue ceci est totalement faux, et c'est une orientation qui abîme l'enfant en niant la beauté de sa subjectivité. La fonction de la communication est d'ouvrir à l'expression de l'expérience de quelqu'un : les mots, le langage, l'expression, doivent être disponibles à tous nos aspects, de façon à ce que chaque part de nous puisse accéder à une expression vocale. Au lieu d'apprendre à l'enfant à craindre de se tromper, à craindre d'exprimer quelque chose parce que cette expression a été punie ou ridiculisée dans le passé, à parler uniquement de sujets qui seraient approuvés, et à parler uniquement quand on s'adresse à lui.

C'est aussi dans la transformation de l'animal de gorge qu'on peut expérimenter la vitesse ahurissante des effets de ce travail. Une patiente qui avait une voix ténue et étouffée découvrit une souris comme son animal de gorge. Elle vivait dans un petit trou du mur. Quand elle demanda ce dont elle avait besoin, la souris lui dit que le trou était trop petit et lui demanda si elle pouvait l'agrandir. La patiente put élargir le trou, ce qui était plus confortable pour la souris. Sa voix devint immédiatement plus pleine et profonde.

L'animal du cœur apparait parfois comme un lion, un ours, ou une colombe, expression d'une compassion magnifique et puissante. Ou bien il peut être régressif, retiré, effrayé d'être blessé (ayant apparemment été blessé auparavant) : un oiseau à l'aile cassée, un cerf sensible et insaisissable. L'animal du cœur joue souvent un rôle majeur parmi les animaux et dans les situations de la vie de chacun.

L'animal du plexus solaire est parfois vraiment magnifique, parfois retenu, parfois effrayé, et chez les femmes il est souvent sousdéveloppé. J'attribue cela au fait de vivre dans une culture qui n'a pas une vue claire et ouverte du pouvoir. Notre culture voit d'abord le pouvoir en terme de contrôle, de contrainte, d'imposition et de domination, plutôt que de comprendre le pouvoir comme la capacité d'être présent et d'agir avec précision, droiture et clarté. Les femmes expriment parfois leur crainte du fait que si elles autorisent leur animal de pouvoir à grandir, elles vont devenir excessivement masculines ; pourtant lorsque le développement arrive finalement, ce qui apparait en elles est une qualité féminine profonde, chaleureuse, puissante et nourrissante.

L'animal du ventre est parfois un animal grand ou sauvage qui est contraint d'une certaine façon, en cage ou confiné. Sa libération est parfois redoutée pas la personne, qui est alors surprise de découvrir qu'il n'est pas dangereux une fois relâché et que sa férocité apparente était due au fait d'être enfermé. L'animal du ventre est parfois un ours qui vient de sortir d'hibernation. Parfois, cependant, c'est un dauphin joueur, fluide, capable de plonger à de grandes profondeurs ou de sauter dans les airs, d'être amical et soutenant.

Le chakra de ventre représente l'aspect vivant de l'émotion ou de la passion. La plupart des gens portent en eux un arriéré d'émotions déniées ou réprimées, de sensations dont on leur a appris qu'elles n'étaient pas admissibles. Ce sont fréquemment des sensations de colère, et la personne pense : « Si je laisse sortir ces émotions je vais faire quelque chose de destructeur ! » Ces émotions ne nécessitent pas forcément d'être exprimées, mais nécessitent d'être pleinement éprouvées. Atteindre l'expérience totale libère le canal émotionnel et lui permet de retourner à sa fonction initiale, qui est de capter l'énergie émotionnelle présente sur le moment dans l'environnement de quelqu'un. Certaines cultures évoquent le chakra du ventre comme « l'œil émotionnel » et dans la culture occidentale nous formons la plupart de nos enfants à le fermer.

L'animal de la base est souvent développé de façon incomplète ou inadéquate. Lorsqu'il évolue la personne peut rappeler des épisodes de l'enfance qui n'ont jamais été résolus. Quand il est développé, il est habituellement fort, solide, ou agile, et a fréquemment une relation proche avec l'animal coronal. Chevaux et girafes apparaissent souvent à cette position.

Parfois quand nous entrons en imagerie profonde le chakra de la base parait être autre chose qu'un animal, même si on a spécifiquement demandé aux patients de le laisser apparaitre sous forme animale. Cela arrive aussi fréquemment au chakra coronal, plus que dans toute autre zone de chakra. Mon propre « animal » coronal a été un puits cylindrique de lumière dorée qui illuminait parfois les autres animaux, les recouvrant d'une lueur dorée. Chez un autre l'animal coronal apparut sous la forme d'un groupe d'étoiles dans le ciel, capables de communication, d'illumination directe par rayon de lumière, et de création de rayons de lumière émanant de divers chakras du patient. Chez d'autres il apparait sous la forme d'un triangle, d'un bouton de lotus, d'un ange, de Jésus Christ, du ciel. Chez un individu en particulier cela débuta par une paire de chevaux Clydesdale[1] qui se transformèrent en deux esprits de forme humaine, l'un très grand et l'autre d'une taille similaire à celle du patient, dont il parlait comme de « créatures de Dieu ».

D'autres éléments non animaliers apparus dans des zones de chakra sont un diamant au chakra frontal ; un cristal à la gorge ; un bouddha dans le cœur ; un rayon de soleil, des cristaux de glace, la mer ou une chute d'eau au plexus solaire ; un arbre dans le ventre, la terre ou une fleur dans la zone de la base. On doit cependant insister sur le fait que ces éléments non animaliers apparaissent dans un tout petit pourcentage de cas seulement.

Le cadre dans lequel le Conseil se réunit parait être hautement significatif. Une part du patient est souvent spécifiquement concernée par le fait que le cadre puisse satisfaire tous les animaux, ceux qui vivent dans la mer aussi bien que ceux qui vivent sur terre ou dans les airs. Chez une jeune femme plutôt renfermée et rigide, et socialement conforme la plus grande partie de sa vie, le Conseil se réunit les deux premières fois dans une grotte. Leur rencontre suivante eut lieu sous l'eau, dans la mer. Enfin ils se rencontrèrent dans une plaine. Ce changement était accompagné de son acceptation graduelle d'elle-même et de la permission de plus en plus forte à être présente à son individualité propre.

Le Conseil a aussi une relation proche avec le terrain : les arbres, les montagnes, le soleil et le ciel. Les animaux se rencontrent fréquemment autour d'un feu central. Un événement significatif dans leurs rencontres est la fête. Parfois quand une évolution décisive est advenue, ils vont spontanément faire la fête en dansant autour du feu, parfois dans de tels moments leurs individua-

---

1   Chevaux de trait écossais

lités sont imprécises et ils apparaissent au patient sous la forme d'une énergie unifiée.

Un aspect final de ce travail doit être aussi mentionné : la transformation, l'animal se changeant en un autre animal. Lorsque l'un de nos animaux évolue et change, quelque chose en nous aussi évolue et change. Parfois les transformations arrivent au moyen d'un animal qui change simplement, parfois il doit passer par plusieurs stades avant de se stabiliser sous sa nouvelle forme. Parfois encore l'animal va disparaitre ou partir, exigeant du patient qu'il affronte et gère des questions de perte et de lâcher prise. Il peut aussi se dissoudre dans la terre et le nouvel animal sort alors de terre.

Une transformation arrive aussi parfois lorsque l'ancien animal est mangé par le nouveau, et les qualités du précédent sont étendues ou amplifiées dans la nouvelle forme animale. La similarité avec la transformation par ingestion dans les contes amérindiens est très intéressante (Storm, 1973). Cependant, de telles transformations doivent être distinguées de situations où un animal de pouvoir en mange un autre pour prendre le contrôle sur lui, ce qui au final produit une limitation plutôt qu'une expansion.

Ces deux aspects de l'ingestion apparurent dans une série de visualisations joliment animées. Une femme d'une quarantaine d'année qui vivait dans le Sud Ouest rencontra, en tant qu'animal coronal, une tarentule nommée Magna. Elle ne comprenait pas la tarentule et ne l'acceptait pas, alors l'animal de son front, un aigle, la mangea. Lors d'une séance ultérieure la tarentule réapparut, mais à cette occasion la patiente était plus disponible pour l'accepter et passer du temps à apprendre à la connaître, et en se mettant à sa place elle put même expérimenter à quoi ressemblait de vivre comme une araignée.

Lors de la séance suivante la femme demanda aux animaux s'ils voudraient l'aider à gagner en acceptation. Elle se tenait au centre du cercle et demanda à tous les animaux de faire briller leur lumière sur elle. Chacun produit un rayon de lumière provenant de son cœur et ils l'illuminèrent. Elle rapporta : « Quand ils concentrèrent leur énergie sur moi je me sentis extrêmement légère et de bonne humeur – emplie de force et de bonheur. »

Quand elle rencontra les animaux la fois suivante la tarentule n'était plus là mais une petite chouette du désert était perchée sur une branche près de son aigle frontal. Lorsqu'ils s'assemblèrent en Conseil, dans un pré, la chouette ne les rejoignit pas. Lorsqu'elle décrivit plus tard la réunion : « Mon animal de pouvoir était un grand, un vieux cerf avec d'énormes bois lourds qui pesaient sur sa tête. Je pouvais ressentir ses douleurs arthrosiques osseuses et articulaires. Son pelage était couvert de cicatrices anciennes. Il s'appelait Cary, parce qu'il prenait soin et portait à la fois[2]. Je demandais à Cary ce qu'étaient ses cicatrices. Il dit que c'était tous les coups et les choses que je ne pouvais lâcher. Je demandais ce que nous pouvions faire pour les guérir et il dit qu'il voulait que nous fassions briller notre lumière sur lui. Il se rendit au centre du cercle et nous avons tous dirigé notre énergie sur lui. Il paraissait si fatigué, sa tête était si lourde.

Alors qu'il se tenait dans la lueur dorée de notre énergie, il commença à paraitre plus jeune : fort, serein, son pelage devenait lisse, les cicatrices avaient disparu. Ses articulations avaient été arthrosiques, ses os cassants ; je les sentis devenir forts et solides, la douleur quitta ses articulations. Ses cornes devenaient légères, comme des filigranes dorés. Ses sabots brillaient. J'allais vers lui et mis mon bras sur son cou. Il est très affectueux, gentil et aimant, mais il me demanda de retourner à ma place et de faire encore briller notre lumière sur lui. Je le fis et notre énergie devint un démon de poussière dorée tourbillonnant autour de Cary. Il devint une forme indistincte à l'intérieur de ce tourbillon. La lueur commença à se dissiper. Tous les autres animaux avaient un regard anxieux. Au début je pensais qu'il n'y avait personne quand la lumière se dissipait, puis je remarquais un faon tacheté minuscule, nouveau-né, tremblant sur ses pattes. Tous les ani-

---

2   Pour « caring » et pour « carrying ».

maux lui souhaitèrent la bienvenue. Le kangourou (l'animal du ventre) voulait mettre le faon dans sa poche. Je demandais au faon s'il était Cary, et il dit : « Oui, mais je m'appelle maintenant Carrie. » Carrie est une biche. Elle marche mieux maintenant, et la chouette a volé depuis l'arbre et s'est posée sur le dos de Carrie. J'ai demandé à la chouette ce qu'elle représentait. Elle a dit qu'elle était la connaissance qui savait que Cary pouvait changer, la connaissance du fait que je pouvais lâcher les coups reçus. Elle dit que tout ça était acceptation pour une part. Elle dit: «Accepter est le processus, et le processus c'est accepter.»

Puis elle et Carrie entrèrent dans la bouche de la baleine (la baleine était l'animal de son cœur). La chouette dit qu'elles avaient besoin de passer du temps avec la baleine et que nous pouvions venir ou rester, comme nous voulions. Le kangourou et la lionne (animal de la base) partaient avec Carrie et la chouette. Je restais dans le pré avec Abel (l'aigle du front) et Amelia (le faucon animal de communication) qui prenaient soin l'un de l'autre.

Au bout d'un moment, la bouche de la baleine s'ouvrit et Carrie, qui est plus grande maintenant, le kangourou et la chouette, tous montés sur la lionne, apparurent. La chouette me dit que la lionne avait besoin d'elle maintenant.

Finalement je réalisai que la tarentule n'était pas là. Je demandais aux animaux s'ils savaient où était Magna. La chouette dit qu'elle l'avait mangée. Elle dit qu'elle ne représentait pas la même sorte de connaissance qu'Abel. Elle était la connaissance spirituelle que Magna avait, plus la chaleur et l'acceptation du désert. La pluie, le soleil, les torrents spontanés, les tourbillons de poussière et la solitude avaient été ajoutés au mystère de Magna et elle était devenue quelque chose de plus: «Summa cum beauty[3], ce qu'est la spiritualité.» Elle restait avec la lionne dont elle dit qu'elle

---

3   Avec la plus haute beauté. Parallèle avec les niveaux de mention des universités américaines : magna cum laude= mention bien, avec grande louange ; summa cum laude= mention très bien, avec la plus haute louange.

était trop soucieuse de chasser et de prendre soin de ses petits et qu'elle avait besoin d'être plus dans l'acceptation. »

Dans plusieurs occasions différentes l'animal coronal ou l'animal frontal a dit que sa nature de base était la transformation. Chez un jeune homme l'animal coronal était une créature dont il parlait en tant que « l'Homme Caméléon ». Il avait la propriété d'apparaitre sous la forme de tout animal possible, même celle d'un être humain. Il informa mon patient que sa propriété principale était le changement ou la transformation, et que son travail était de lui enseigner ce qui avait trait à cette dimension dans sa vie.

Lorsque je commençais à travailler avec cet homme l'animal de sa gorge apparu sous la forme de trois oies et un faucon. Les oies se disputaient constamment et il était donc difficile d'aller de l'avant. Je suggérais qu'il demande à ces quatre animaux s'ils voulaient fusionner. Le faucon voulait bien, mais pas les oies. Cependant, lors de la séance suivante les trois oies avaient déjà fusionné en une seule, qui était toujours opposée à une fusion avec le faucon. En fait, l'oie était le plus opposant de tous les animaux. Elle était constamment le centre de l'attention et était habituellement en désaccord avec tous les autres animaux. A chaque séance ultérieure je priais mon patient de demander si l'oie voulait fusionner avec le faucon, mais elle ne continuait à ne pas vouloir.

Puis au début d'une séance mon patient me parlait d'un voyage au ski dont il venait de rentrer. Il décrivait comment il était devenu attentif en grimpant une colline au fait que l'oie avait été présente en permanence, le prévenant ou l'avertissant de dangers le long du chemin. Il me dit qu'il avait réalisé que l'oie voulait seulement essayer de l'aider, mais faisant cela elle était importune et le perturbait. Je demandais au patient à qui cette voix lui faisait penser et il répondit immédiatement : « A ma mère ! ».

Lors de sa visualisation je lui demandai de remercier l'oie d'être si soucieuse de son bien-être et de l'avoir protégé pendant sa jeunesse, et aussi d'expliquer à l'oie qu'il était maintenant plus âgé et ne nécessitait plus une telle protection continue. Il dit aussi à l'oie qu'il avait besoin d'elle auprès de lui en tant que compétence plus acceptable maintenant, comme quelqu'un qui lui rappellerait le besoin de grandir, spécialement dans les situations difficiles. L'oie était trop heureuse de commencer sa nouvelle mission.

Ensuite l'oie accepta de fusionner avec le faucon mais autant l'oie que le faucon disaient qu'ils ne savaient pas comment fusionner. A ce moment l'Homme Caméléon s'avança brutalement et dit, « Moi, je sais comment faire. Oie, toi et Faucon restez debout face à moi. Maintenant fermez les yeux tous les deux. Oie, tu fais deux pas vers la gauche, et Faucon, tu fais deux pas vers la droite. » Quand ils le firent les deux animaux se ressentirent comme superposés l'un à l'autre. L'Homme Caméléon leur demanda d'ouvrir les yeux. Ils le firent et furent confus car par dessus leurs identités ils devinrent soudainement un hibou.

Le hibou s'est avéré être posé, conscient et sage, et la conscience « surprotectrice » du patient cessa d'être si importune.

La transformation est la pierre angulaire du Processus de Totem Personnel ; les changements nécessaires pour évoluer vers l'instant présent. Ou encore la transformation pour retourner à son intégrité originelle : l'intégration de tous les composants en une unité personnelle.

J'ai vu des gens passer par des transformations étonnantes, du fait de vouloir entrer dans une relation entière avec les animaux. Des personnes quittent la situation inconfortable d'une conformité forcée, et reviennent aux lignes naturelles de leur propre vie biologique. Et le faisant ils deviennent radieux. Leur beauté originelle revient, cette beauté présente dans un enfant. Une beauté qui ne dépend pas de la performance, mais émane simplement de l'être, de la vie.

L'AVENIR

Quelque chose de beau se passe dans les ateliers et formations que j'ai conduits durant ces dernières années. En partageant leur imagerie profonde et en développant du respect pour leur propre imagerie et celle des autres, les gens présents lors de ces événements sont devenus profondément et chaleureusement interconnectés. Ou, plus précisément, ils sont devenus plus conscients des profondes interconnexions qui existaient déjà et qui ont été mises en lumière du fait de partager leur imagerie profonde.

Les gens ont commencé à former de petites tribus, des communautés, assumant une responsabilité personnelle envers qui ils sont, et traitant la personne devant eux avec honneur et respect. Ces personnes commencent à former ce que je pense être le noyau d'une véritable communauté : pas uniquement un groupe de gens qui ont été placés ensemble par la naissance ou les circonstances, mais un rassemblement de personnes qui en sont arrivées à connaitre et sentir leur lien profond en tant qu'êtres d'un univers où l'évolution est bienveillante et créatrice, aussi longtemps qu'ils veulent prendre une responsabilité dans leur évolution plutôt que de s'y opposer. Non pas une évolution générée par l'intellect, une fausse évolution faite d'essais pour se forcer ou se pousser vers un objectif comportemental ou une conséquence planifiée ; mais une évolution qui provient de leur moi profond, de cet endroit qui a toujours été la source de l'évolution, de la création et de l'originalité, cet endroit d'obscurité, de mystère et de beauté. Et en effet le côté singulier de notre interrelation est alors profondément ressenti et apprécié, comme l'est le lien continu de toutes les choses et des êtres dans l'univers. Quand nous honorons et respectons cet endroit de plénitude alors nous devenons nous-mêmes accomplis, et nous commençons à ressentir la complétude de l'univers, et de nous-mêmes en tant que participant essentiel à cette plénitude.

J'entrevois au moins une communauté où les animaux internes sont rencontrés régulièrement, où chacun dans la communauté peut être un guide pour rencontrer ses animaux, et où raconter les histoires d'animaux est épanouissant et apprécié par la communauté. Un lieu où les gens se sont rassemblés à partir d'un besoin de regagner leur plénitude, et où l'évolution vers la plénitude est le souci principal ; un endroit où les enfants ne sont pas arrachés à leurs sensations et à leur imagerie, et entrainés comme des animaux de cirque, mais où dans leur vie leur connaissance intuitive est valorisée et où on leur fait confiance pour devenir ceux qu'ils sont depuis toujours supposés être. Un endroit où les parents et les enseignants sont devenus de véritables guides pour l'enfant le long de son chemin, ayant atteint ce statut non pas par l'obtention d'un diplôme, mais pour avoir doucement poursuivi leur propre évolution vers la plénitude. Où les enfants entrent dans l'adolescence confiants dans leur valeur interne parce qu'elle a toujours été là avec eux, où ils sont valorisés par la communauté et n'ont pas à ressentir une solitude provenant d'une conformité vide.

J'entrevois un endroit où la vie est expérimentée comme la quête aventureuse qu'elle est, et où l'apprentissage par cœur de matières proposées par un comité étriqué dans sa propre pensée a disparu, comme les dinosaures. Un endroit où l'esprit est reconnu capable de trouver ses propres dimensions biologiques et où l'éducation élève vers leur recherche. Un endroit ou l'état adulte est vécu de façon créative parce que l'évolution se poursuit tout au long de la vie. Un endroit où les aînés sont véritablement matures et ou leur conscience et leur conseil est reconnu et valorisé. Une communauté où la nature et la terre sont respectées comme participantes du voyage de chacun, et où, lorsqu'il est temps de partir pour être avec le Grand Esprit, chacun peut dire : « Oui, mon chemin a été bon. J'ai vécu pleinement, et je n'aurais pas fait d'autre choix. »

Au sujet de l'auteur

Steve Gallegos dit de lui-même qu'il est en premier lieu (et encore bien après) un artisan. Il a travaillé le cuir, le bois, l'argent, le vitrail, la restauration de meubles anciens, a fait de la peinture, et récemment a taillé des dents fossilisées de morse ou encore peint des icônes russes. Il est certain que s'il n'avait pas été obligé d'aller à l'école, il serait aujourd'hui un artisan illettré et profondément satisfait. Ainsi est faite la vie.

Il est né en 1934 comme fils d'Eligio Gallegos et Katherine Powers Gallegos dans le petit village de Los Lunas, Nouveau Mexique, Etats-Unis, où il est allé à l'école et attendait avec impatience les vacances d'été. Durant un séjour dans l'Air Force américaine, il en profita pour voyager aussi souvent que possible en Europe. Il commença alors à lire beaucoup, découvrant l'apprentissage par opposition à « l'écolage ». Il décrocha ensuite un diplôme en psychologie de l'Université de Wisconsin, puis de New Mexico State University, et enfin de Florida State University. Pendant bon nombre d'années, il fut professeur en psychologie, et obtint le poste de décan en psychologie auprès de la Mercer University. Sa première résolution dans cette nouvelle fonction fut d'instaurer une rotation de la fonction de décan, annuellement. Le recteur insista pour que le rythme ne soit que tous les trois ans.

Actuellement, Steve Gallegos passe son temps à former des thérapeutes et d'autres personnes au travail avec les animaux intérieurs, présente des séminaires et écrit.

Il est directeur honoraire de l'International Institute for Visualization Research, PO Box 632, Velarde NM 87582, Etats-Unis. www.deepimagery.org

Appendix A:
Racines psychologiques et spirituelles du Personale Totem Pole Procèss® (PTPP®)

Le PTPP® (Processus Personnel du Totem), fût découvert par E.S. Gallegos, en travaillant avec les centres énergétiques du corps humain (les chakra). Il observa que dans leur histoire et leur mythologie, les peuples indigènes de l'Amérique du Nord créent un lien entre ce qu'ils nomment Animaux de Pouvoir, souvent montrés dans les mâts totem, et les différents chakras. Dans son PTPP® Gallegos combine ce savoir ancestral avec les théories de C.G. Jung sur l'imaginaire, les archétypes, et l'inconscient collectif, et également avec les connaissances des cultures orientales sur l'importance et l'influence des chakras. Il découvrit que chaque partie de notre être profond est reliée à des animaux, et comment il est possible d'entrer en contact avec eux. Depuis 1982 Gallegos travaille avec cette méthode et expérimente le pouvoir thérapeutique exceptionnel de notre univers profond. Il enseigne le PTPP® aux États-Unis, en Europe (aussi en France) et en Australie.

Tim Besserer
Reinheim, Allemagne
Avril 2010

Tim Besserer, d'origine franco-allemande, est formé par E.S. Gallegos comme « Imagery Guide » et « Workshop Leader ». Il est également professeur de yoga diplômé et photographe professionnel (www.TimBesserer.com). En 2006 Tim a établi le PTPP® en France où il organise régulièrement des séminaires en Français avec Dr. Patrick Baudin.

Commentaire par le Dr. Patrick Baudin

Accueillir, saluer et écouter les animaux de pouvoir décrits par le monde chamanique est possible et accessible à tous, et peut largement contribuer à nous redonner notre véritable identité d'êtres vivants non-seulement faits de matière, mais disposant également d'un « esprit » voyageur au-delà du monde matériel.

Nous comprendrons du même coup que ces animaux « intérieurs » nous aident à assumer notre plein pouvoir, au sens de puissance à être nous-mêmes.

Découvrir que des animaux représentatifs d' « énergies » particulières peuvent nous enseigner, nous aider à trouver des réponses à l'intérieur de nous-mêmes, est une extraordinaire expérience, et ramène chacun à plus d'authenticité, lui redonnant ainsi son identité propre, sa « médecine originelle », comme les Amérindiens aiment à le dire.

Depuis 2006, j'ai l'immense plaisir de travailler régulièrement avec Tim Besserer, l'un des élèves d'Eligio Stephen Gallegos, Ph. D. et créateur du Personal Totem Pole Process®, et ce merveilleux outil de connaissance de soi et du monde vient compléter harmonieusement et enrichir en douceur mon propre travail, principalement fondé sur la Respiration Holotropique et les Quatre Voies de l'Initiation Chamanique, respectivement créés par Stan Grof et Angeles Arrien.

Retrouver qui nous sommes, dans notre dimension unique et particulière, et dans notre dimension transpersonnelle, est essentiel pour l'avenir du monde.

L'Ecologie, c'est avant tout l'humain lui-même. Et c'est d'abord en respectant notre propre nature que nous en viendrons à respecter vraiment la Terre.

Le Processus Personnel du Totem découvert par Steve Gallegos correspond pleinement à cette ambition et peut aujourd'hui être considéré comme un outil majeur du Développement Personnel et Transpersonnel.

Patrick Baudin
Docteur en Médecine
Psychothérapeute d'orientation Transpersonnelle
Facilitateur en Respiration Holotropique

APPENDICE B
Formation et certification en Processus de Totem Personnel

La formation en Processus de Totem Personnel est basée sur une compréhension, dont le fondement pour chaque thérapeute est son évolution personnelle. On n'enseigne pas simplement à chaque individu un certain nombre de techniques, qui peuvent être appliquées d'un point de vue intellectuel, mais on attend de lui ou d'elle d'entreprendre son évolution interne personnelle avec un sérieux et un engagement qui assurent que sa capacité éventuelle pour le Processus de Totem Personnel provient de son expérience personnelle, plutôt que de l'application d'une formule intellectuellement acquise.

La certification est proposée à trois niveaux différents : Core Curriculum en Processus de Totem Personnel est un engagement de trois ans, consistant en l'équivalent de douze jours entiers par an. La formation de la première année apporte les bases théoriques et les procédures régissant le travail avec les animaux de pouvoir et une quantité minimale d'expérience pour l'utiliser.

La seconde année implique une expérience extensive pour développer une relation entre le savoir par l'intuition et les quatre modes de connaissance : pensée, ressenti, perception et imagerie. La troisième année est passée à développer des compétences en travaillant avec deux personnes simultanément, avec leurs animaux de pouvoir et leurs animaux des quatre modes de connaissance, en explorant leur relation.

La formation de Guide en Processus de Totem Personnel amène l'individu ayant expérience, instruction et le but d'aider les autres à évoluer, au point où il peut démontrer avoir les compétences suffisantes pour conduire des ateliers de groupe dans le Processus de Totem Personnel.

La certification de Formateur procure la préparation adaptée pour autoriser l'individu à en former d'autres pour appliquer et utiliser le Processus de Totem Personnel.

Pour une liste plus détaillée des conditions pour chaque niveau de certification, pour les dates et lieux de formation merci d'écrire à l'adresse ci-dessous.

Une liste de personnes ayant obtenu la certification en Processus de Totem Personnel peut être obtenue à la même adresse. L'International Institute for Visualization Research, une organisation éducative et de recherche non lucrative, publie un journal internet occasionnel, The eTotem Pole, qui retrace les événements et les développements en Processus de Totem Personnel et sujets connexes, et publie des voyages soumis par des personnes.

IIVR
PO Box 632
Velarde, NM 87582
www.deepimagery.org
www.facebook.com / deepimagery

SITES WEB UTILES :

En En Allemagne :

www.tiefimagination.de
www.krafttierreisen.de

En Autriche :
www.tiefenimagination.net

En Australie:
www.deepimagery.com.au

LIVRES SUR L'IMAGERIE DE MOON PRESS EDITION:

Control and Obedience : The Human Illness
Par E.S. Gallegos Ph.D. (2014)

Living Chakras : Gathering Wholeness
Par E.S. Gallegos Ph.D. (2014)

Nothing is Nothing (un roman)
Par E.S. Gallegos Ph.D. ISBN 978-0944164242

Personal Totem Pole Process: Imagerie animale, Chakras et Psychothéra-pie Par E.S. Gallegos Ph.D. ISBN 0-944164-42-0 (2013) l'édition française.

The Personal Totem Pole Process: Animal Imagery, the Chakras and Psychotherapy
Par E.S. Gallegos Ph.D. Kindle Edition (2012)

Animals of The Four Windows: Integrating Thinking, Sensing, Feeling and Imagery
Par E.S. Gallegos Ph.D. ISBN: 0944164404

Into Wholeness: The Path of Deep Imagery
Par E.S. Gallegos Ph.D. ISBN 978-0944164228

Little Ed and Golden Bear
Par E.S. Gallegos Ph.D. ISBN 978-0944164068

Dancing in my Grandfather's Garden: Unearthing the Soul of the Feminine and the Gift of Deep Imagery, Moon Bear Press, 2012, par Phyllis Brooks Licis.

The Circus Cage: A Journey of Transformation
Par Rosalie G. Douglas. ISBN 978-0944164020

Seeds of Enlightenment: Death, Rebirth, and Transformation through Imagery, Par Rene Pelleya-Kouri. ISBN: 0944164161

AUTRES LIVRES RELATIFS A L'IMAGERIE PROFONDE OU AU PROCESSUS DE TOTEM PERSONNEL:

Beginning With The End: A Memoir of Twin Loss and Healing, Vantage Point Books, 2012, par Mary R. Morgan

The World is a Waiting Lover: Desire and the Quest for the Beloved,
New World Library, 2005, par Trebbe Johnson.

Imagery in You: Mining for Treasures in Your Inner World,
Outskirts Press, 2006, par Jenny Garrison.

Kinder entdecken ihre innere Kraft: Integrative Imaginationsarbeit,
Arbor-Verlag, 2007, par Christian Lerch.

Frage dein Krafttier: Heilende Botschaften für alle Lebenslagen,
Kosel-Verlag, 2006. par Patricia Rüesch.

APPENDICE C:
PREFACE A LA SECONDE EDITION

Depuis la parution de la première édition de The Personal Totem Pole en 1987, l'utilisation et la popularité du Totem Personnel ont augmenté significativement. De nombreux thérapeutes en sont venus à valoriser la profondeur, la précision et la globalité avec lesquels les animaux de pouvoir induisent la guérison et l'évolution personnelle. Les thérapeutes corporels apprécient d'adjoindre ce procédé à leur travail habituel. Les artistes y voient un moyen de mûrir dans leur créativité. Et les gens en général y voient la signification d'une connaissance personnelle profonde, qui leur apporte du soutien et de la guidance.

Le Processus de Totem Personnel a été intégré dans la formation professionnelle en bioénergétique et Gestalt-thérapie à l'Hartford Family Institute, enseigné par Stuart Alpert et Naomi Bressette. Il a été employé avec succès dans une prison d'Etat par Margaret Vasington, et un livre sur ce travail paraitra bientôt. Margaret a aussi présenté le procédé à des thérapeutes en Irlande et propose une formation dans ce pays.

Rene Pelleya, M.D., emploie le procédé dans la réhabilitation de drogués et d'alcooliques au Mount Sinai Hospital à Miami. Kia Wood a adapté le procédé pour l'utiliser dans des rites de passage avec de jeunes adolescents.

Bill Plotkin et moi-même avons adjoint le procédé à la Vision Quest (Quête de Vision), à Anima Valley Institute et Returning to Earth Institute. Une newsletter trimestrielle, The Totem Pole, donne des nouvelles d'événements et de développement en imagerie animale et des sujets connexes, est édité par Rhonda Lunsford et Nancy Zastrow et a commencé sa parution au début 1990.

Un nombre de manuscrits est en préparation et devrait paraitre en 1990. Margaret Vasington travaille sur *Joey's Journey : One Man's Heroic Quest for his Soul*, un livre sur son travail en quartier de haute sécurité. *Seeds of Enlightenment : Death, Rebirth, and Transformation through Imagery* est l'histoire du voyage personnel de Rene Pelleya et sera publié cette année par Moon Bear Press. *Meetings with Remarkable Animals* est une collecte d'histoires racontées par différents individus sur leur travail avec leurs animaux internes. *Animals of the Four Windows : Integrating the Four Modes of Knowing : Thinking, Sensing, Feeling, and Imagery*[1] est un compte-rendu de mon travail avec les quatre fonctions de

---

1   Animaux des Quatre Fenêtres: Intégrant la réflexion, les sens, les sentiments

la conscience décrites par Carl G. Jung. *Animal Imagery : A Handbook for Professionals*, un effort collectif qui décrit plus d'aspects techniques de l'application de ce processus, dans ses étapes primitives.

De plus, une série de cassettes audio est en cours de préparation. Les cassettes ne constituent pas un point de départ, mais sont destinées à l'usage de personnes qui ont déjà expérimenté le Processus de Totem Personnel, pour leur permettre d'aller plus loin dans leur travail quand aucun guide n'est immédiatement disponible.

J'ai consacré les deux années passées quasi exclusivement à former d'autres personnes au travail de Totem Personnel. La formation a eu lieu à Palo Alto et Big Bear Lake, Californie, à West Harford, Connecticut, à Miami, Floride, à Boston, Massachusetts, à Lavalette, New Jersey, à Santa Fe, Nouveau Mexique, et à Long Island, New York.

L'information concernant les ateliers, les formations, et la newsletter est donnée dans l'appendice en fin d'ouvrage.

Il y a trente ans la psychothérapie était vue comme un dernier recours ; voir un thérapeute était vécu avec honte et restait caché. Aujourd'hui la psychothérapie est un outil de santé, et il n'y a pas de différence entre thérapie et évolution vers la plénitude de son potentiel. De nombreuses personnes ont envie de devenir thérapeutes. De nombreuses personnes considèrent que leur fonction principale est d'en aider d'autres à évoluer.

La croissance, autant physique que psychologique et spirituelle, est un processus naturel qui va de l'intérieur vers l'extérieur ; elle s'épanouit si aucun événement traumatique ni intrusif - qui entraine une adhésion de l'énergie à cet événement - n'arrive. Cependant, les traumatismes sont si présents dans la culture contemporaine que nous avons cessé de voir la majorité d'entre eux. Le remarquable livre d'Alice Miller dépeint quelques aspects les plus « cachés » des traumatismes imposés par la culture. La thérapie aide à guérir ces traumatismes, de façon à ce que l'évolution puisse se poursuivre. La croissance ne peut advenir naturellement sans l'entière participation de notre globalité. Paradoxalement, atteindre cette plénitude est aussi le but de cette croissance. L'imagerie guidée en général, et le Processus de Totem Personnel en particulier, aident à trouver cette globalité, pour se diriger de façon à ce que la guérison et l'évolution soient plus pleinement vécues.

---

et l'imagerie

Dans notre culture, l'imagerie n'a pas été un outil systématiquement utilisé pour nous aider à la compréhension de notre monde, alors qu'elle peut être une approche de valeur équivalente à une méthode scientifique. Nous avons à peine effleuré la surface du potentiel de l'imagerie pour amener nos vies vers la plénitude et la richesse qui sont notre patrimoine fondamental. J'espère que ce livre pourra être une des portes d'entrée vers cette remarquable dimension de nous-mêmes.

Santa Fe, Nouveau Mexique

1er Mars 1990

Bibliography

Blyth, R. H. *Zen in Western Literature arid Oriental Classics*. New York: E. P. Dutton, 1960.

Eliade, M. *Shamanism: Archaic Techniques of Ecstasy*. Princeton: Bollingen, 1964.

Douglas, Rosalie. *The Circus Cage: A Journey of Transformation*, Moon Bear Press, 1992.

Gallegos, E. S. *Animal imagery, the chakra system, and psychotherapy*. J. Transp. Psych., 1983,15(2),125-136.

Gallegos, E. S. *Animals of the Four Windows: Integrating Thinking, Sensing, Feeling, and Imagery*. Moon Bear Press, 1990.

Gallegos, E. S. *Little Ed and Golden Bear,* Moon Bear Press, 1993.

Gallegos, E. S. *Into Wholeness: The Path of Deep Imagery*, Moon Bear Press, 2001.

Garrison, Jenny. *Imagery in You: Mining for Treasures in Your Inner World*, Outskirts Press, 2006.

Hillman,]. *Re-Visioning Psychology*, New York: Harper & Row, 1975.

Johnson, Trebbe. *The World is a Waiting Lover: Desire and the Quest for the Beloved*, New World Library, 2005.

Krishnamurti, J. *The First and Last Freedom*. New York: Harper & Row, 1975.

Lerch, Christian. *Kinder entdecken ihre innere Kraft: Integrative Imaginationsarbeit*, Arbor-Verlag, 2007.

Licis, Phyllis Brooks. *Dancing in my Grandfather's Garden: Unearthing the Soul of the Feminine and the Gift of Deep Imagery,* Moon Bear Press, 2012.

Miller, A. *The Drama of the Gifted Child.* New York: Basic Books, Harper, 1981.

Miller, A. *For Your Own Good.* New York: Farrar, Strauss & Giroux, 1983.

Miller, A. *Thou Shalt Not Be Aware.* New York: Farrar, Strauss & Giroux, 1984.

Miller, S. *Dialog with the higher self.* Synthesis, 1978,2, 122-139.

Morgan, Mary R. *Beginning With The End: A Memoir of Twin Loss and Healing ,* Vantage Point Books, 2012.

Pelleya-Kouri, Rene. *Seeds of Enlightenment: Death, Rebirth, and Transformation through Imagery,* Moon Bear Press, 2004.

Rüesch, Patricia. *Frage dein Krafttier: Heilende Botschaften für alle Lebenslagen,* Kosel-Verlag, 2006.

Stewart, H. *Looking at Indian Art of the Northwest Coast.* Vancouver: Douglas & McIntyre, 1979.

Storm, H. *Seven Arrows,* New York: Ballentine, 1973.

Tedlock, D. *The way of the word of the breath.* Alcheringa: Ethnopoetics One. 1975,2,4-5.

Watkins, M. *Waking Dreams,* third edition. Dallas: Spring, 1984.

9 780944 164426